校企共育国际化软件外包人才研究与实践

胡光永　等著

东南大学出版社
SOUTHEAST UNIVERSITY PRESS
·南京·

内 容 简 介

本书内容包括校企深度融合的思路与实践,通外语与文化、通技术与规范、通外包业务领域知识的"三通"国际化软件服务外包人才专业方向的人才培养方案、全新的课程体系、专业教学规范、部分核心课程的课程标准及教学设计、创立的"演习开发"实践教学新模式等,构建了一套国际化软件外包服务人才培养的实践范式,给出了建设国际化软件外包服务专业方向的对策和建议。

本书适合作为职业院校专业负责人、教师、职业教育研究人员的参考用书。

本成果得到江苏高校"青蓝工程"资助。该成果的核心内容获江苏省教学成果一等奖、国家教学成果奖二等奖。

图书在版编目(CIP)数据

校企共育国际化软件外包人才研究与实践/胡光永等著.
—南京:东南大学出版社,2017.12
ISBN 978-7-5641-7497-2

Ⅰ.①校… Ⅱ.①胡… Ⅲ.①软件产业-对外承包-人才培养-研究-中国 Ⅳ.①F426.67

中国版本图书馆 CIP 数据核字(2017)第 292527 号

校企共育国际化软件外包人才研究与实践

出版发行	东南大学出版社	
社 址	南京市四牌楼 2 号	
邮 编	210096	
出 版 人	江建中	
网 址	http://www.seupress.com	
电子邮箱	press@seupress.com	
经 销	全国各地新华书店	
排 版	南京新翰博图文制作有限公司	
印 刷	江苏凤凰数码印务有限公司	
开 本	700 mm×1000 mm 1/16	
印 张	16	
字 数	250 千	
版 次	2017 年 12 月第 1 版	
印 次	2017 年 12 月第 1 次印刷	
书 号	ISBN 978-7-5641-7497-2	
定 价	56.00 元	

本社图书若有印装质量问题,请直接与营销部联系。电话(传真):025-83791830。

前　言

　　校企合作办学既是高职院校持续健康发展的客观要求,也是加快构建中国特色现代职业教育体系的必然要求。近几年,国家、教育部关于职业教育重要文件都提到了产教融合、校企合作,2014年发布的《国务院关于加快发展现代职业教育的决定》指出,要深化产教融合、特色办学,推动教育教学改革与产业转型升级衔接配套,突出高职教育办学特色,强化校企协同。2014年发布的《现代职业教育体系建设规划(2014—2020年)》提出2020年愿景,形成产教深度融合的现代职业教育体系。校企合作是职业教育提升人才培养质量、提升专业建设内涵的有效途径。

　　本书是校企双方自2010年以来深度合作进行专业共建实践的总结与思考。作者所在南京工业职业技术学院计算机与软件学院(简称"软件学院")为了提升软件服务外包人才的培养与企业需求的对接度,积极开展人才培养工作的探索与创新。2010年学校与南京富士通南大软件技术有限公司(简称"富士通南大")为代表的软件外包企业进行合作,实施专业共建,围绕专业建设的课程体系、师资队伍等核心要素全方位合作,共育"通外语、通专业、通行业知识"的国际化软件外包人才。7年来,教学质量明显提升,学生就业竞争力显著加强,专业学生普遍实现高质量就业,平均每届近20名毕业生被富士通南大录用。专业内涵提升快,产出国家级教学成果奖等多项标志性成果。富士通南大在学校建立了高质量的、稳定的新员工招聘

基地。据企业估算,每年减少招聘成本、新人教育费用支出约 20 万元;同时,专任教师参与企业工程项目,解决了企业技术难题,经济效益显著。这一合作,使企业得到人才,学生获得高技能,学校得到发展,实现了学校与企业"优势互补、资源共享、互惠互利、共同发展"的双赢结果。

在专业共建实践过程中,提出了"三通"国际化软件外包人才培养模式,给出该培养模式的内涵与实施要义,"三通"是指软件外包人才必须通外国语言与文化、通软件技术与规范、通外包业务领域知识,这是国际化软件外包人才培养目标的核心内容。为了保证以上人才培养模式高质量落地实施,校企双方进行深度合作。合作的主要方式与内容概括为"五对接",即双方在战略、团队、技术、形式、管理等五个方面全面对接,从而实现人才培养定位、师资队伍、教学内容、教学方式、教学管理这五个关键要素的全面优化,校企"五对接"是培养"三通"人才的途径与方法。共建了人才培养方案、专业教学规范、部分核心课程的课程标准、教学设计、教学资源等内容,创立了"演习开发"实践教学新模式。

本书为软件技术专业国际化软件外包人才培养提供了经验与范式。同类职业院校可借鉴本书在推进与企业的合作过程中合作形式与具体做法,借鉴本书提出的人才培养模式、课程标准、教学设计,为课程建设提供参考。

本书是校企双方紧密合作的产出物,也是双方自 2010 年开始合作的见证。合作过程中,学校领导关心该项目,各职能部门、计算机学院领导老师付出了大量精力。企业方管理者持续支持,工程师们投入教育,体现了公司热心教育及良好的社会责任感。本书的出版凝聚了双方的智慧和付出,学校吴学敏书记、卢兵副校长给予了极大的指导与关心。在此对所有关心此书的同志表示衷心的感谢!

全书由胡光永负责策划、设计、撰写和统稿。参与撰写的我校老师有查英华、郭雷、吴晓光、翁英萍、凌方、许丽花、杨静丽、董飚,富士通南大的有潘金贵副总经理、刘大治、沈大可、周志华。刘英慧等也参与了相关研究与实践工作。

　　本书的实践与部分成果"校企'五对接',共育'三通'国际化软件外包人才的创新与实践"获国家教学成果奖二等奖,也是学校重点校企合作项目的研究成果。

　　本书参考并引用了大量的文献与网站资料,主要来源已在参考资料目录中列出,如有遗漏,敬请原作者谅解并表示感谢。由于作者经验与水平有限,书中不足在所难免,热烈欢迎专家、领导和老师们对本书提出批评、意见和建议。

著　者

2017 年 6 月

目　录

第一章　校企深度融合实施专业共建 1

　　1.1　固化深度合作关系与合作方向 1

　　1.2　双方融合实施专业共建内容简介 7

　　1.3　专任教师企业顶岗实践提升教师能力与水平 9

　　1.4　企业工程师参与教学和课程建设 12

第二章　校企共育国际化软件外包服务人才的内涵 14

　　2.1　形成背景 14

　　2.2　人才培养的内涵及实施情况 15

　　2.3　人才培养实践的特点及创新 18

　　　　2.3.1　人才培养实践的特点 18

　　　　2.3.2　主要创新 20

　　2.4　人才培养实施要点 21

　　2.5　人才培养成效 22

　　　　2.5.1　学校、企业、学生三方获益共赢 22

　　　　2.5.2　辐射与推广成效显著 24

　　　　2.5.3　主要解决的教学问题 24

第三章 共建人才培养方案 26

3.1 国际化软件外包产业与人才需求调研报告 26

3.1.1 行业（产业）调研情况 28

3.1.2 调研结论和建议 34

3.2 "三通"国际化软件外包人才培养方案 36

3.2.1 人才培养目标 37

3.2.2 人才培养规格 38

3.3 构建校企"三段融合"的特色课程体系 40

3.4 联合定制人才培养实施方案(V1.0) 47

3.5 共同实施人才培养方案的主要方式 49

第四章 融入企业要素的教学规范 53

4.1 专业人才培养规范 53

4.1.1 培养目标 53

4.1.2 教学安排 54

4.1.3 教学条件 55

4.2 校企共建课程标准 57

4.2.1 "外包日语"课程标准 57

4.2.2 "Web 应用开发"课程标准 59

4.2.3 "编程能力强化与深化"课程标准 65

4.2.4 "测试技法"课程标准 73

4.2.5 "外包软件过程及项目管理"课程标准 80

4.2.6 "外包企业文化及职业素养"课程标准 84

4.2.7 "外包流程与规范"课程标准 87

4.3 综合实训课程标准 91

4.3.1 "Web 应用开发综合项目实训"课程标准 91

第五章　校企融合的教学设计 100

5.1　核心课程教学总体设计 100

　　5.1.1　"外包日语"课程教学总体设计方案 100

　　5.1.2　"Web 应用开发"课程教学总体设计方案 104

　　5.1.3　"编程能力强化与深化"课程教学总体设计方案 108

　　5.1.4　"测试技法"课程教学总体设计方案 114

　　5.1.5　"外包软件过程及项目管理"课程教学总体设计方案 ... 118

　　5.1.6　"外包企业文化及职业素养"课程教学总体设计方案 ... 122

　　5.1.7　"外包流程与规范"课程教学总体设计方案 125

5.2　核心课程教学单元设计 129

　　5.2.1　"外包日语"课程单元教学设计 129

　　5.2.2　"Web 应用开发"课程单元教学设计 132

　　5.2.3　"编程能力强化与深化"课程单元教学设计 134

　　5.2.4　"测试技法"课程单元教学设计 136

　　5.2.5　"外包软件过程及项目管理"课程单元教学设计 142

　　5.2.6　"外包企业文化及职业素养"课程单元教学设计 143

　　5.2.7　"外包流程与规范"课程单元教学设计 145

5.3　综合实训 147

　　5.3.1　综合实训教学改革与建设的实施思路 147

　　5.3.2　综合实训教师指导手册 148

　　5.3.3　综合实训学生学习手册 158

第六章　创立"演习开发"教学新模式 165

6.1　"演习开发"教学模式 165

　　6.1.1　综合实践教学存在的主要问题 166

　　6.1.2　"演习开发"教学模式的设计思路与实践过程 167

　　6.1.3　显著提升实践教学效果 176

6.2 "演习开发"教学文件 177

　　6.2.1 "演习开发"实践教学课程标准 177

　　6.2.2 "演习开发"指导方法 188

　　6.2.3 "演习开发"教师指导手册 193

　　6.2.4 "演习开发"学生指导手册 204

6.3 "演习开发"教学模式的实施 212

　　6.3.1 "演习开发"课题准备阶段 213

　　6.3.2 "演习开发"课题实施阶段 227

　　6.3.3 "演习开发"课题发表阶段 232

第七章 保障深入合作的机制与制度建设 234

7.1 建立校企融合软件外包服务专业工作机制与制度 234

7.2 建立教学激励机制 237

参考文献 240

附录 南京富士通南大软件技术有限公司简介 243

第一章　校企深度融合实施专业共建

　　校企合作是推动人才培养模式改革的重要措施,各高职院校对其重要性已形成共识。如何深入推进校企合作是各高职院校共同探讨的问题。笔者积极思考校企合作的关键因素,深入分析双方诉求,寻找共鸣点,促成南京工业职业技术学院在软件服务外包专业方向与南京富士通南大软件有限公司深度合作。从 2010 年至今的合作中,双方各层次人员充分互动,建立战略合作关系,达成专业共建的共识并共同实施,以多份协议的形式固化深度合作的内容。校企深度融合的根基是团队的融合,通过专任教师下企业顶岗实践半年达到团队全面融入企业文化、融入其开发过程。企业工程师全面参与教学与课程建设,确保了企业实质性参与专业共建。

1.1　固化深度合作关系与合作方向　　　　　　　<<<<<

　　在笔者的主导下,双方高层常态性互动,并举行了多次战略研讨会。2010年 7 月 8 日,富士通一位董事一行参观南工院,校企双方进行了第一次高层校企合作研讨会,确定了校企合作的大框架,达成共建国际化软件服务外包专业方向的共识。2010 年 12 月 8 日,南工院校领导一行访问富士通南大,听取校企合作工作汇报。双方的会谈达成了"浅度合作、深度合作、全面合作"三阶段合作构想的合作步骤与合作框架。

　　随后多次的战略研讨与高层次互动,逐步明晰合作方向、合作内容,确立了浅度合作、深度合作、全面合作战略三阶段合作。校企双方按照"资源整合、业务融合、产学结合"的协同育人模式,共建校内外生产性实训基地、技术服务和

产品开发中心、创业教育实践平台，切实增强学校技术技能积累能力和学生就业创业能力，推动专业人才培养与岗位需求衔接，人才培养链和产业链相融合，并签署《校企战略合作协议书》，确立了进行国际化软件外包专业方向共建、合作框架，如图 1-1 所示。

图 1-1　合作框架

双方确立了战略三阶段合作的主要内容，见表 1-1。

表 1-1　双方战略三阶段合作的主要内容

三阶段合作的时间段	主要合作内容
2010 年—2011 年上 浅度合作	● 教师的企业顶岗实践 ● 初级服务外包课程的开发 ● 高效顶岗实训模式的探索 ● 软件蓝领定位、使用模式的探索 ● 相互合作的磨合 ● 建立宝贵的互信关系 ● 实施联合人才培养、专业共建 ● 初级专业课程的开发与实施
2011 年下—2012 年底 深度合作	● 教师的深化培养 ● 中高级专业课程的开发与实施 ● 开设富士通班 ● 重构课程体系 ● 顶岗实习的常态化 ● 实习基地的建设 ● 共建专业标准与规范 ● 共建人才培养方案

续表 1-1

三阶段合作的时间段	主要合作内容
2013 年起— 全面战略合作	• 深化以上合作内容 • 联合招生 • FNST 新入职员工的岗前培训 • 项目研发等新技术合作的开展 • 持续优化专业标准与规范 • 优化人才培养方案

在战略合作协议框架的指引下,在 2010 年至 2013 年期间,在具体操作层面陆续签署了《关于校企合作派遣 08 级学生实训的协议书》《关于校企合作派遣 10 级学生实训的协议书》《校企合作师资培养协议书》等协议书。

2011 年 12 月 28 日南京富士通南大软件技术有限公司副董事长、总经理访问南工院,捐赠 30 万元人民币,签署《校企合作奖学(教)金专项协议书》,设立富士通奖学(教)金,用于奖励富士通班的优秀学生和富士通班专任教师,双方签署"设立富士通奖学(教)金协议"。南工院校领导向企业总经理颁发客座教授聘书。以上协议的主要内容见表 1-2。

表 1-2 重要协议内容节选

重要协议名称	协议的主要内容
校企合作意向书	确立双方战略合作关系。 确立双方本着强强联手,互惠互利的合作原则
设立富士通奖学(教)金协议	奖金总额为人民币 10 万元/年,设富士通奖学金与富士通奖教金两大类奖励。 (1) 奖金总额 60% 设立富士通奖学金,以鼓励计算机与软件学院努力学习、学有所成的同学; (2) 奖金总额 40% 设立富士通奖教金,以鼓励在富士通班教学中表现突出的教师。 双方共同组建"富士通奖学(教)金评审委员会"负责富士通奖学(教)金的具体操作。
校企合作师资培养协议	师资力量的联合培养,采用顶岗培养的方式,具体操作方式为:乙方派遣教师到企业进行顶岗学习。企业提供乙方教师学习 FNST 开发流程、开发技术、开发工具的场所和设备等。乙方教师通过参与企业实际项目,承担相应开发任务的形式,熟悉企业项目组所使用的开发/测试

续表 1-2

重要协议名称	协议的主要内容
	工具,开发/测试技术,开发/测试流程,并将之进行梳理、提炼,转化为教学设计,开发出定制课程,应用于将来的"富士通班"的教学中。
关于校企合作完成 08 级、09 级学生顶岗实习工作的协议书	企业根据实习计划、实习大纲,在不影响企业正常生产的前提下安排学生的实习岗位,并派专业技术人员担任岗位指导教师,以保证学生能顺利完成实习内容;乙方的老师负责毕业设计(论文)的指导,企业的员工负责工作的指导。 双方顺利完成了 08 级和 09 级学生顶岗实习工作,其中 08 级学生 28 名已被企业正式采用,09 级学生 26 名正在企业进行实习,2012 年 3 月正式采用。
关于校企合作完成 10 级学生顶岗实习工作的协议书	在原协议的基础上,补充明确学生奖教金的发放办法,进一步明确其实习待遇

组建联合实施工作组。为了合作的顺利推进,由甲乙双方人员共同组成工作小组,负责对合作的进度和问题进行跟踪管理。组长为企业高管 1 人和分院领导 1 人,组员由企业方各管理部门领导及技术骨干、分院 5 位教师具体推动 5 份协议的实施。推动双方专业建设、教学活动、团队建设等各项活动,建立定期会议制度,形成定期沟通机制。双方部分活动节选见表 1-3。

表 1-3　校企合作过程部分活动节选

序号	时间	事　　件
1	2010.7.8	富士通董事一行参观南工院
2	2010.7.30	富士通南大与南工院关于 08 级学生实训和师资力量培养协议正式签约
3	2010.8.2	南工院第一批顶岗实习的 4 位教师进驻 FNST
4	2010.10.6	召开富士通课程制作研讨会
5	2010.10.10	富士通 12 门课程制作完成
6	2010.10.11	南工院 08 级富士通班开班

续表 1-3

序号	时间	事 件
7	2010.12.1	南工院第一批学生到富士通南大顶岗实习
8	2010.12.8	南工院校领导一行访问富士通南大,听取校企合作工作汇报
9	2011.1.7	计算机与软件学院—富士通南大师资培训班总结大会在富士通举行
10	2011.3.11	09级富士通班组班宣讲会
11	2011.4.13	南工院09级顶岗实习生班开班
12	2011.9.10	富士通12门课程修订完成
13	2011.11.10	南工院09级演习开发发表并进入富士通南大顶岗实习
14	2011.12.28	富士通南大副董事长、总经理访问南工院,签署"关于校企合作完成10级学生顶岗实习工作的协议书"
15	2012.3~7	一位老师常驻FNST,学习移动互联网手机端开发技术
16	2012.6.2	FNST一位部长和一位课长往南工院,参与移动互联网专业的课程设计研讨会
17	2012.6.2	合作举办"校企联谊杯"体育对抗赛活动
18	2012.8.2	富士通课程裁减整合为5门课程,课程制作分工
19	2012.8.10	校企合作课程"语言编程能力强化与深化"制作完成
20	2012.8.17	校企合作课程"测试技法"制作完成
21	2012.8.24	校企合作课程"对日软件开发过程及项目管"制作完成
22	2012.8.31	校企合作课程"生产性项目演习开发""日企文化及职业素养"制作完成
23	2012.9.10	南工院10级顶岗实习生班开班
24	2012.11.30	南工院10级演习开发发表
25	2012.12	一位老师带领5名学生常驻FNST,在FNST员工指导下完成"移动评价系统"的实训

续表 1-3

序号	时间	事　件
26	2012.12.3	南工院 10 级学生进入富士通南大顶岗实习
27	2012.12.19	富士通奖学金捐赠暨"富士通企业奖学金"颁奖仪式在江阴市举行
28	2013.4.13	FNST 一位部长作为企业代表,参与南工院的提前招生面试
29	2013.4.17	南工院芬兰交换学生参观 FNST 花神事务所,交流 Scrum 开发流程
30	2013.5.8	举办南工院计算机与软件学院与南京富士通南大软件技术有限公司江阴分公司校企合作顶岗实习项目宣讲会
31	2013.6.15	举办南工院—富士通南大"回顾三年,展望三年"主题论坛活动暨 11 级顶岗实习生班开班
32	2013.6.15	FNST 的 2 位工程师赴南工院,现场指导学生,完成"甘家大院导览系统"
33	2013.8.30	南工院富士通班暑期实践项目发表会
34	2013.9.25	2014 届富士通预备班成立
35	2013.10.11	举行富士通南大第二事业部—南工院主题论坛活动
36	2013.12.15	南工院 11 级学生到富士通南大顶岗实习
37	2013.12.16	颁发 2011 级富士通班"N5 勤学奖""优秀技术标兵""优秀技术团队"企业奖学金
38	2013.12.24	2013 年富士通班校内专任教师与公司共同在江阴举办年会
39	2013.6～12	富士通南大工程师在南工院举办系列讲座 1. 2013.6.19 软件外包企业技能要求及个人发展 2. 2013.7.6 软件企业技术人员应具备的技能示例 3. 2013.9.25 JS MVC 框架的到来—Angular JS 4. 2013.10.30 Android 手机开发学习 5. 2013.11.13 自动化测试工具—Selenium CT 6. 2013.12.11 浅谈 Flex 与 ActionScript 开发

1.2　双方融合实施专业共建内容简介　　　<<<<

校企双方组建了混合管理团队,由软件学院副院长与企业开发部长共同进行合作项目的管理与组织,并形成评估与反馈机制,不断修正与完善双方的合作。具体实施情况如下:

1. 校企深度融合,签署系列协议

双方建立合作关系以来,共举行了 8 次战略研讨会,签订了《校企战略合作协议书》《关于校企合作派遣 2008 级学生实训的协议书》《关于校企合作派遣 2010 级学生实训的协议书》《校企合作奖学(教)金专项协议书》等 5 份协议书。校方不断融入企业,充分理解富士通的未来发展战略,主要概括为:将设计与编码、测试相分离,采用新技术;学校积极跟随企业发展战略,调整人才培养方向与培养方式;企业不断理解软件学院发展战略,并提供支撑。

2. 共同开展调研,完成需求分析

企业派出 4 名项目经理参与学校的专业建设工作。校企双方按照外包企业开发与测试两个岗位方向开展调研,整理出工作岗位所需的技术与能力要求,找准软件外包人才培养与普通软件人才培养的差异,完成了职业能力分析。

3. 制定培养方案,实施教学改革

校企双方共同研讨,围绕"三通"国际化外包人才的培养目标,由富士通南大的管理与技术骨干根据岗位要求,按开发与测试两个岗位方向,整理出一线工作所需技术与能力要求。将技术与能力要求进一步归类分析,校企双方人员进行专题研讨,形成教学任务,构建出富有特色的课程体系,并将企业 5 个月的新人入职教育内容(包括外语、跨文化交流、技术规范等)嵌入其中,制订出人才培养方案。为了能使教学满足学习岗位工作内容的需求,灵活设置了教学方式,如采取单元制教学(即 3~5 天学习同一内容主题),就某一岗位工作内容专题学习;引入富士通企业日常管理模式,如周例会、晨会、日报等管理方式;创建"演习开发"的实践教学方式,企业工程师参与教学。学生进入企业后,不再需要新人入职教育阶段,即能胜任工作岗位,且工作一段时间后,普遍有较好的发展。

4. 教师顶岗锻炼，工程师参与教学

五位教师脱产半年，以企业员工的身份进入开发岗位，参与企业实际项目，承担开发任务。熟悉项目组所使用的开发、测试的工具、技术和流程；融入公司，理解与感受公司文化；承担项目的具体开发或测试任务，熟悉编码阶段的MK1、MK1R、MK2 和 MK3 的过程，掌握评审流程和报告编写规范；学习欠缺的专业技术；教师将顶岗实践的项目流程、技术和方法、相关知识点整理成文档。教师顶岗实践，全面锻炼教师的实践能力，为企业专项技术的教育储备了师资。教师顶岗实践为校企双方融合培养软件人才奠定了坚实基础。企业工程师也参与实际的教学工作，承担 30％以上的实践课程教学任务，举行企业技术专题讲座，每学期 4 次。

5. 组建开发团队，建设课程资源

联合进行教育资料的定制开发。根据富士通南大开发与测试两个方向工作岗位的要求，由我校多名教师和企业多名技术人员组建课程开发团队，校企双方组建课程开发团队，进行联合教育资料的定制开发。课程开发的指导思想为课程内容体现富士通南大的专用技术，课程以项目引导，以裁剪后的富士通南大生产性项目为载体，突出实践教学。派遣的教师已深入富士通南大的生产性项目，融入项目团队，了解其项目管理流程。双方联合办公，经过双方共同努力，在富士通南大内部教育资料的基础上，开发出相关方向课程的教学资料：建立教学标准、进行教学设计、建立教学大纲、进行单元设计、制作课件、加工教学案例、整理收集教学资源，最终开发出面向我院的 FNST 软件开发与过程管理、FNST 团队协作与软件品质保证等 10 门优质课程资源，包括课程标准、教学整体设计、教学大纲、单元设计、教学参考资料等。

6. 设立企业奖学（教）金，鼓励优秀师生

企业自 2012 年开始每年拿出 10 万元在学校设立"富士通奖学（教）金"，每届学生中评选出 6 位"优秀技术标兵"，10 个"优秀技术团队"，10 位同学获日语勤学奖。根据教师在专业建设中贡献大小获企业富士通奖教金奖励，8 位教师获富士通奖教金。南工院为该人才培养设立专项经费，用于保障该专项计划的执行。

1.3　专任教师企业顶岗实践提升教师能力与水平　<<<<<

为了落实《校企合作师资培养协议书》的内容,自 2010 年起,先后共派出 6 位老师到企业顶岗实践半年。具体操作方式为:计算机与软件学院派遣教师到甲方进行顶岗实践,企业提供计算机与软件学院教师学习 FNST 开发流程、开发技术、开发工具的场所和设备等。学校教师通过参与企业实际项目,承担相应开发任务的形式,熟悉企业项目组所使用的开发/测试工具,开发/测试技术,开发/测试流程,并将之进行梳理、提炼,转化为教学设计,开发出定制课程,应用于教学中。

1. 联合制定顶岗实践教师的目标与任务

双方反复研讨,根据专业建设实际技术体系进行布局,制定教师顶岗实践的任务与目标:

(1) 深入项目,承担开发任务。

(2) 熟悉 FNST 项目组所使用的开发/测试工具,开发/测试技术,开发/测试流程。

(3) 将企业实际工作的内容,进行梳理,提炼,转化为教学设计,开发出定制课程,并应用于将来的教学。

(4) 与将来可能接收学生的项目组建立良好关系,以有助于将来的项目开展。

(5) 老师实践结束后必须承担至少 1 届的富士通班定制课程。

将上述任务与目标结合教师顶岗实习的实际岗位,细化成半年的具体目标与任务,每位教师与企业签订临时用工协议,企业按教师的实际贡献发放实习费用,并通过工资的方式直接支付给实习老师,实习工资的税费由企业代扣代缴。工作小组定期(一个月一次)举行协调会,确认合作的中间成果,同时解决过程中的问题。

实践结束后,老师们能力普遍有较大提升,为专业建设、人才培养打下坚实基础。

2. 一位教师顶岗实践小结摘录

教师到富士通顶岗实践小结

一、实践基本情况

1. 实践时间:2010.08—2011.03
2. 实践岗位:SPIF 项目组程序员
3. 具体工作内容

我隶属 SPIF 项目组,根据项目组安排,主要参与了项目组的测试相关工作。主要包括以下内容:

- FD/BD 评审,CT/ST 的设计、评审、测试,bug 验证(共计设计用例约 0.2K,执行测试用例约 1K);
- 跟踪监控页面性能测试方案设计,测试执行;
- 自动化测试用于 SPIF 的研究推进。

此外,与其他老师一起共同承担了南工院富士通班的相关工作。主要包括:

- 《评审技法》《测试技法》的教育资料的制作(PPT196 页,试卷练习题 2 套);
- 《评审技法》《测试技法》《黑盒实战》课程的教育和考核(共计 42 学时);
- 《演习开发》中,测试项目和做成发表 PPT 等教学指导文件(共计 70 学时)。

二、工作与学习成果

1. 学习成果
- 学习实践了富士通软件开发过程;
- 学习实践了富士通软件测试技法;
- 学习实践了富士通软件评审技法。

2. 工作成果
- 在 FNST Technical Journal 发表论文《要因分析法与正交组合技术》;
- 在 SPIF 保守组内完成"正交试验法"讲座,目前 SPIF 保守组测试用例设计中已经全面采用该技术;
- 完成了《测试技法》教育资料的制作,其中进一步完善要因分析和正交组合技术,该教育资料已经引起其他项目组的关注和借鉴;
- 完成了"SPIF 自动化测试研究"课题,总结了 TestComplete 脚本制作手顺、TestComplete Know How、自动化测试注意事项、按工作流程的自动化测试用例样例、TC 自动化测试脚本样例,等;
- 在 SPIF 项目组内完成"Automated Testing Made Easy"讲座,并辅助项目组开展自动化测试推广工作。

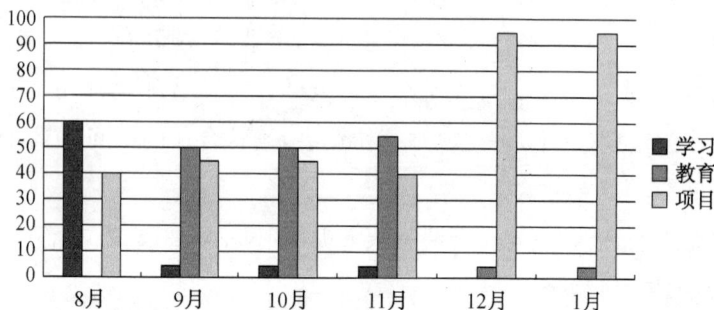

3. 教师的专业建设、科技服务能力提升

6 名教师经过企业实践锻炼、合作开发课程、校企合作授课等工作之后,专业能力有了质的飞跃。和企业工程师建立了深厚友谊,每年举行一次的顶岗教师、企业工程师的联谊活动;富士通南大建成了稳定提升教师专业能力的校外智力资源。在后来两年的跟踪中,6 位教师的教学、科研、社会服务能力显著提升,取得了明显的经济效益。

(1)自身提升

很多老师回到学校后在专业能力、教学能力方面都有较大提升。比较典型是 1 位教师获黄炎培教学名师,1 位老师参加全国青年技能大赛江苏赛区选拔和全国总决赛,分别获得江苏省第 2 名(取前 6 名),由省人力资源和社会保障厅按规定及程序授予"计算机程序设计员"称号,由团省委授予"江苏省青年岗位能手"称号,在全国 103 人参加的比赛中,获得全国第 17 名。是唯一进入决赛的女选手,也是江苏省选手中获取的最高名次。

(2)专业建设与课程开发

共进行了 10 门课程资料的开发,包括课程标准、教学整体设计、教学大纲、单元设计、教学参考资料等,创建了演习开发的实践教学模式,切实提高了学生学习的针对性与学习积极性,学生职业能力提升显著。

学习并实践了要因分析、自动化测试等技术。这些技术是富士通南大所力推的主流技术,掌握了这些技术,不仅提高自身的技术水平和实践能力,而且有助于对我院软件技术专业的"软件测试基础""自动化测试"等课程进行更科学的课程设计和教学指导,还有利于我们模仿项目管理、进度监控、版本控制、文档制作等企业的工作技术和流程,进行实训类教学设计,使之更加接近真实的企业项目。

此外在校内组织多场讲座,介绍富士通南大软件开发过程,软件测试的主要方法——要因分析法。拓宽了学生的知识面,取得了较好的效果。

参与了国家软件专业资源库子项目等建设工作。前期负责行业信息化综合案例的资源建设工作。后期根据学院要求,负责软件测试课程开发中的黑盒测试部分的资源建设工作,顺利地完成专业建设工作目标。

（3）科技服务能力提升

发表 10 余篇学术论文。顺利完成校级重点课题《基于要因分析的测试用例设计管理软件的研发》和教研课题《软件专业"订单式"人才培养模式研究与实践》。与南京某科技有限公司签订了多项横向课题，课题金额 50 余万元。带领多名学生和教师投身其中，项目进展顺利。

1.4 企业工程师参与教学和课程建设 <<<<<

1. 双方定期举行教学研讨活动

工作小组定期举行 FNST 定制课程开发与教学的研讨活动。计算机与软件学院参加人员有领导和五位专业教师，富士通南大的参加人员有江阴分公司副总经理和四位专业人员。每次研讨会会就前期教学中的问题、课程开发、学生培养等方面深入探讨，并形成会议纪要，抄送双方高层，以阶段性会议的方式持续推进双方的合作。

如选取一次会议内容如下。我院在富士通顶岗学习的四位教师，结合他们的学习所得，围绕着 FNST 软件开发流程、FNST 软件开发指南、FTST 测试技术、Reviews 技术这四个技术专题，将前期进行的课程开发的阶段成果进行了汇报，大家一致认为四位教师准备充分，思路清晰，课程目标、课程内容、课堂组织、学生训练等方面的设计科学合理。同时，与会者也就如何在教学中更好地融合富士通的真实项目，如何精选典型的案例，如何实施项目引导式的教学，如何在教学中突出学生学习的主体地位等方面进行了研讨，提出了很好的建议。

研讨活动既是校企双方第一个合作项目——师资培养的一个阶段性成果的汇报与检验，也为第二个合作项目——2008 级学生顶岗实习的指导与培训的顺利进行奠定了坚实的基础。教学研讨现场见图 1-2。

2. 富士通一位部长等三位工程师对学生进行教学

"混编师资团队"依托教师工作室的模式，将骨干教师培养、双师素质提升、兼职教师聘用、教师专业技术和技能持续更新融入到团队的建设工作中。校方对来自企业的兼职教师应提供各类资源，强化其教育教学能力，提高企业工程师的培训及教学能力，保证教学质量。

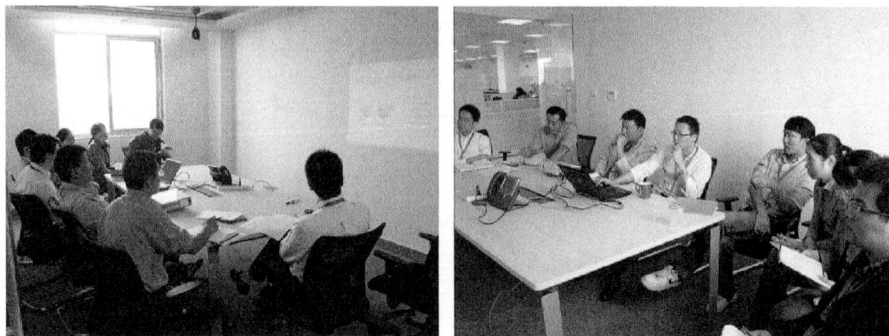

图 1-2　FNST 软件开发流程教学研讨现场

　　主导制定相应的激励政策,吸引企业工程师参与专业调整、人才培养方案制订,参与教学改革及实训课程的教学及资源开发,根据他们的特长和所具备的专业前沿技术,开设拓展性课程和各类专题讲座。

　　企业工程师采用二种方式参与教学工作。一是阶段性的企业技术专题讲座,每届学生约 8 次;二是参与"演习开发"实践教学,约占教学工作量的20％～30％。企业工程师参与教学现场见图 1-3。

图 1-3　企业工程师现场指导综合实训

第二章　校企共育国际化软件外包服务人才的内涵

在混编团队教学建设与教学实施中,结合软件服务外包人才培养的实际情况,持续探索与实践人才培养的质量提升与成效,在专业共建的师资队伍、课程开发等核心内容实施过程中,系统提炼人才培养模式与合作框架,形成"校企五对接,共育'三通'国际化软件外包人才"的人才培养模式,并系统阐述其内涵及要义,总结出人才培养的创新点与特点。

2.1　形成背景　　　　　　　　　　　　　　　　　　<<<<<

软件服务外包行业具有科技含量高、附加值大、资源消耗低、环境污染少、吸纳就业能力强等特点。南京是获得工信部授予的第一个"中国软件名城"称号的城市和第一批"中国服务外包示范城市",年均复合增长率达35%,服务外包企业200余家,年均软件外包服务人才需求3万余人。

调查显示,软件外包企业特别需要掌握新技术、熟练应用外语、了解行业知识、具有较强实践动手能力的一线应用型、复合型人才,而现实情况是高职院校软件外包人才的培养质量达不到企业的用人要求,学生的岗位适应性普遍较差。

高职软件技术专业学生就业质量普遍不高。高职院校培养出来的软件技术专业毕业生,有相当一部分人不能找到合适的工作。而另一方面,大量的软件企业招录不到合适的人才。这种人才供需矛盾主要体现在软件技术人才结构不合理,低端软件人才数量少、实际动手能力差。

针对这一矛盾现象,反映出软件人才培养存在一定问题,主要有以下几个方面:

(1) 人才培养的目标定位不够清晰,造成一方面企业招录不到大量需要编码与测试一线人员,另外一方面毕业生找不到理想的工作;

(2) 教学内容相对滞后于软件技术的发展,不满足软件技术岗位所需技能要求,人才培养与产业发展需求脱节;

(3) 教学模式、教学方法不适应软件技术的学习规律,案例教学、项目教学内容过少,导致毕业生实际操作能力和综合能力比较差;

(4) 软件实用人才培养过程缺少典型软件企业的实际参与、缺乏一支高水平的双师型教师队伍。

上述原因归纳为最根本的一点:高职软件技术专业与软件行业(企业)的实际情况存在错位,没有做到高效对接。只有高效对接,才能做到强化学生实际动手能力的培养,跟踪行业、反应敏捷,培养方向紧跟行业需求,教师具有较高的技能水平和实战能力。

如何快速提升专业内涵?校企合作是产教融合的重要途径之一,是快速提升专业建设水平的重要途径之一。采取与企业合作的方式,有针对性的为企业培养人才,注重人才的实用性与实效性。校企合作是一种注重培养质量,注重在校学习与企业实践,注重学校与企业资源、信息共享的"双赢"模式。校企合作能做到应社会所需,与市场接轨。

为了提升软件外包人才的培养与企业需求的对接度,学院近年来积极开展人才培养工作的探索与创新。2010年学校与富士通南大为代表的软件外包企业开展合作,共育"通外语、通专业、通行业知识"的国际化软件外包人才。7年来,共有150余名毕业生被富士通南大录用,很多毕业生被其他软件外包企业录用。企业对学生的满意度高,多人在岗位上的表现非常出色和优秀。

2.2 人才培养的内涵及实施情况 <<<<<

为满足软件外包行业对技能应用型人才的大量需求,解决软件外包专业方向的高职毕业生普遍存在的岗位适应性差的问题,在实践过程中,提出"校企五

对接,共育'三通'国际化软件外包人才"的人才培养内涵。

"三通"是指软件外包人才必须通外国语言与文化、通软件技术与规范、通外包业务领域知识,这是国际化软件外包人才培养目标的核心内容。

如何保证以上人才培养模式高质量落地实施。校企双方进行深度合作,合作的主要方式与内容概括为"五对接",即双方在战略、团队、技术、形式、管理等五个方面全面对接,从而实现人才培养的定位、师资队伍、教学内容、教学方式、教学管理这五个关键要素的全面优化。校企"五对接"是培养"三通"人才的途径与方法。

建设中把校企合作作为专业建设的抓手,实现校企深度合作和工学实质结合,满足行业和企业发展的需求,约定了以下三个层面的校企合作。

技术层面合作:合作对象主要是江苏具有一定规模的软件开发企业,与软件技术企业共同开发实际项目,引入生产性项目到教学环节,引入企业兼职技术人员参与到实践教学;教师轮流下企业融入企业研发团队,共建校内实训基地,开拓校外实训基地。这一层面的合作主要是提高我们教师的"双师"能力,教学内容贴近生产实际,改善校内实践教学条件,提高人才培养质量。

服务层面合作:合作对象主要是用人单位,与相应的用人单位建立良好的合作关系,力争成为部分企业的稳定生源基地;探索与企业进行联合培养人才,有针对性地谋划定向培养、订单式培养,针对软件企业的专有开发平台工具进行定向培养。这一层面的合作主要是提高人才培养的针对性,教学过程中加入企业元素。

教育层面合作:企业参与软件技术专业人才培养方案的制定与修订,人才培养方案注重"工学结合",教学模式强化"做学合一"。校企双方专家共同完成职业能力分析、设计课程体系、制订教学计划,按照企业需求开设课程、培养人才,行业企业技术骨干参与课程建设、综合实训建设,参与方向课程的教学设计与教学执行,参与综合实训项目的教学工作。

合作中执行校企"五对接"。校企"五对接"主要是指校企双方在战略、团队、技术、形式、管理等五个方面全面对接,从而实现人才培养的定位、师资队伍、教学内容、教学方式、教学管理这五个关键要素的全面优化。校企"五对接"是培养"三通"人才的途径与方法。校企"五对接"的校企融合"五对接"软件人才培养实施流程见图2-1。

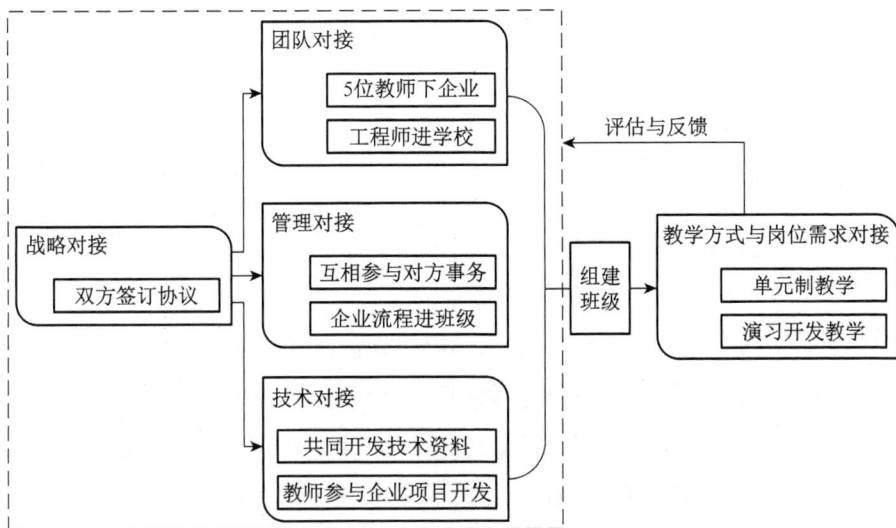

图2-1　校企融合"五对接"软件人才培养实施流程图

1. 战略对接

以富士通为代表的先进的软件外包企业未来5年发展战略是将外包项目的设计与编码、测试相分离,实行人员的分业化,软件学院随动企业的战略调整,实施专业设置与人才培养定位的动态调整,确保人才培养工作最大限度地满足企业用人需求。战略对接是校企共育"三通"人才的基础。

2. 团队对接

双方员工深度融合,组建了混编团队。校内教师下企业,顶岗锻炼半年以上,参与企业外包项目,提升专业实践能力和实践教学水平;企业的管理与技术人员进课堂,对学生进行企业技术与文化方面的教育,实质性地参与教学工作。团队对接是校企共育"三通"人才的关键。

3. 技术对接

将企业最新的AngularJS等技术引入课堂,融入课程的教学内容;将企业真实的软件产品和项目进行裁剪,开发出实践教学的项目,将企业开发与测试岗位的工作内容及外包技术规范作为素材,开发系列教学资料;对企业的工作场景进行模拟改造,建立了校内实训室。技术对接是校企共育"三通"人才的

核心。

4. 形式对接

依据企业的外包服务工作内容、流程、方式等创新理论教学与实践教学形式,创设了"主题学习式"的理论教学方式,即依据岗位工作中涉及的专题技术设立学习主题,每个主题集中 5~10 天进行讲授;创设了"演习开发"的实践教学方式,实施基于软件外包产品开发过程的教学实践、技能训练、管理规范和能力评价。形式对接是校企共育"三通"人才的手段。

5. 管理对接

引进富士通南大外包项目的实施与组织管理方式,在学生中组建教学项目组,模拟企业对学生进行角色分工;每组要举行周例会、晨会、日报等,模拟企业的日常管理模式。在学习场所开展职场环境建设,渗透了企业的管理文化元素。管理对接是校企共育"三通"人才的保障。

2.3　人才培养实践的特点及创新　　　　　<<<<<

2.3.1　人才培养实践的特点

1. 人才培养体现双元主体

该成果体现了学校和企业都是实施人才培养工作的主体。"南工院今天的学生,就是富士通明天的员工",正是基于这样的共识,校企双方围绕着育人这一根本任务,发挥出各自的优势,实现了资源的整合,获得了利益的共赢。

2. 专业建设随动企业战略

该成果促进了专业调整随动产业与企业的新发展,人才培养的目标随动岗位的新要求,课程的教学内容随动技术的新发展,有利于培养出满足软件外包企业需求的"三通"人才。

3. 围绕"三通"构建课程体系

该成果突出了人才培养要围绕岗位的知识、能力与素质要求。在课程体系构建中,校企双方依据"三通"人才的要求,以技术规范、软件过程、主流技术、外包语言与文化、业务领域知识等企业五元素为核心内容,设计开发了《软件开发过程及项目管理》等技术与规范类课程 7 门,《外包企业文化与职业素养》等语言与跨文化交流课程 5 门,外包业务领域知识类选项课程 6 门。

4. 校企资源实现开放共享

该成果推进了校企双方相互的开放与融合,富士通南大不仅将工作场所向学校开放,接纳学生完成大一 1 周的专业认知、大二 4 周综合实训和 3 周暑假职业体验、大三 6 个月顶岗实习,还将企业的技术、工程规范、管理方式、企业文化等向学校开放,学校也开门办专业,主动吸纳企业的资源,培养输送出高质量的学生,使得校企双方形成了"你中有我,我中有你"的利益共同体。

5. 学生成长融入职业元素

该成果实现了培养对象学员与职员身份的合一。学生走进校门时既是南工院的新生,也是企业的后备军,学生学习的过程也是职业认知、职业体验、职业成长的过程,学生离开学校时,既是南工院的毕业生,又是具备良好的职业素质、职业能力,受过职场文化熏陶的企业人。

解决了以下的主要教学问题。

1. 培养目标与岗位要求不适应

外包专业人才不能适应岗位要求主要表现在:外语水平不高;跨文化交流能力不强;软件技术规范掌握不牢;外包业务领域知识针对性不够。通过调研,明确把"三通"作为软件外包人才培养的核心目标,通过实施校企"五对接",大幅提高了学生与岗位的适应度,受到企业好评。

2. 课程体系与能力培养不匹配

本成果紧紧围绕着外包人才的核心能力构建课程体系,技术与规范类、语言与跨文化交流类、外包业务领域知识类这三类课程的设置达到 15 门,不仅数量充足,针对性强,而且按照所学内容的特点和学生的学习规律来设计课程的体系,突出了语言学习的持续性,文化体验的渗透性、专业知识的强化性和技能训练的递进性等,解决了课程开设与岗位核心能力的培养关联度不够,针对性不强的问题。

3. 教学内容与技术更新不同步

目前,软件外包专业课程的教学内容普遍滞后于岗位工作内容与流程,实施校企"五对接",形成了随动机制,以外包行业规范与标准、新技术、新方法为

依据,采取版本控制的方式,对课程内容进行动态更新,确保了软件外包行业与企业的新技术、新发展、新要求、新规范能及时进人才培养方案、进课堂、进教材。

4. 学生学习与工作关联不紧密

为尽早让学生了解企业和岗位,安排学生四次进入企业实习,从专业认知到岗位体验,从综合实训再到顶岗实习,分阶段地加深对所学专业和从事工作的理解。教学内容由企业真实项目改造而来,实践教学组织形式也模拟企业采用项目组式,使得学习的过程类同于工作的过程。

2.3.2　主要创新

1. 建立随动产业新机制

本成果通过与行业具有代表性的企业深度合作,建立了专业随动产业的新机制。教师进入企业顶岗锻炼至少半年,半年结束后,该教师仍作为企业的兼职技术人员,归属于企业的某一个项目部,参与企业的研发工作,并依据企业技术变化,定期调整人才培养目标定位和课程教学内容,开发新的课程教学资源,改进课程教学方法,确保了外包专业内涵建设的各环节能随动更新,增强了软件外包人才培养对岗位要求的适应性,形成了鲜明的专业办学特色。

2. 构建外包课程新体系

该课程体系以培养"三通"人才为目标,具有四个特点:一是语言与文化的学习持续渗透。不仅专门开设了外语学习课程和文化交流课程,还在专业学习和项目训练中融入企业文化;二是技术与规范的掌握强化递进。通过开设理实一体化的课程,将编码与测试的技术与规范讲透练足;三是职业能力的训练系统设计。设置了单项—综合—顶岗的系列化实践课程,强化了学生的综合职业能力培养;四是外包业务领域知识延伸拓展,针对外包项目具体的行业背景,灵活设置外包业务领域知识类选项课程,拓展了学生完成外包业务的必备知识。

3. 创建"演习开发"新模式

作为一种全新的实践教学模式,它的特点是:实践教学的项目来源于企业的实际外包项目,实施过程也模拟企业,组建若干项目组,每组5～7名学生,各有不同的角色分工,学生严格遵循企业开发与测试技术规范,在校企混编团队的指导下,完成软件的开发与测试等工作。实践项目的日常管理也采用企业的周例会、晨会、日报等形式,同时借鉴企业的项目考核机制对学生进行考核评价。该模式是对本专业实践教学改革的一个有益探索。

2.4　人才培养实施要点　　　　　　　　　<<<<

　　1. 双方互惠共赢,积极参与是人才培养成功的基础

　　本次校企双方在人才培养的合作中找到了共同点。该企业每年招新产生的费用约为 20 万元,采用联合培养专业共建的方式,将企业的技术教育前移到学校,缩短了企业新人入职教育时间,节省成本;计算机与软件学院则能提高人才培养质量,创新人才培养模式,探索教育教学改革,将学生送入高端软件企业,甚至抢占本科生就业市场,提高就业质量。双方高层认识到本次合作是互惠共赢,在操作层面精心呵护本次合作,充分为对方考虑,为项目成功打下良好的基础。

　　2. 高层重视,组建专门机构,操作务实是联合人才培养成功的保障

　　高层非常重视本次合作,双方高层就本次合作进行过多次研讨,形成有建设性的会谈成果。组建工作小组,小组成员由校企双方共同组成,由双方管理人员及技术和教学骨干组成,具体推动、跟踪、实施该项目。

　　方案制定中充分考虑各种因素,实施中双方人员科学务实。分院领导高度重视该项目,直接参与很多决策与事务,对出现的问题及时响应、解决,且资源调配到位,如专门腾出一个实训室作为专用实践场所,部门聘请日语教师独立开课。企业方一位开发部长三分之一的时间用于跟踪协调该项目,在技能课程实施中,两位工程师平均一周到学校二天,在演习开发阶段,确保每天有一位工程师到校指导学生。

　　3. 互相尊重彼此文化,沟通充分,相互理解是校企联合人才培养成功的前提

　　企业文化与学校文化有着较大的差异,决定了双方的思维方式与行为方式有着较大的不同。在人才培养过程中,双方出现过很多分歧,但彼此互相尊重对方文化,多站在对方角度考虑问题,充分沟通,相互理解,较好地处理出现的分歧。如在课程《FNST 软件开发与过程管理》开发中,双方就上课形式有着较

大的分歧,通过多次协商,最终达成一致,双方各自发挥自身的优势,学校的强项在于教学与学生教育,企业的强项在于开发与技术,两者配合默契,最终较好地解决了问题。

4. 学生对企业认同,有较高的学习积极性是人才培养成功的根基

要保证人才培养的质量,为企业生产出合格的"产品",需加强对学生的管理。学生思想教育过程中,主要以企业文化、企业实力吸引学生,调动学生学习的主观能动性。在实战演习开发中,学生工作强度很大,工作热情高,平均每日加班约 1 小时。

建立了有效的淘汰与奖励机制。根据学生的学习情况及时淘汰了 2 名不具有适应性的学生;对成绩优秀,表现突出的学生,在演习开发结束时给予了物质奖励。

5. 课程(教育资料)开发应由双方共同完成,参与课程开发的校内教师有该企业的工作经历,是项目成功的后盾

校企双方专长不同,这决定了校企合作进行课程开发是最好的方式。校内专业教师具有对应企业项目经验、企业文化背景,则能更顺畅地进行课程开发。解决这一问题的较好途径是派遣专职教师到该企业进行至少半年的顶岗项目开发。

虽然校企合作的人才培养取得了阶段性成果,在不断探索推进人才培养的实践过程中,总结培养模式的共性规律,形成长效机制,把人才培养模式的实践和创新建设作为一个突出特色。

未来的人才培养实践中,就加强校企共建人才质量评价标准、校企联动创新人才培养机制、与企业共同培养学生的职业核心能力、专业能力和自我发展能力等长效机制方面需继续探索与实践。

2.5 人才培养成效 <<<<

2.5.1 学校、企业、学生三方获益共赢

1. 学校方面

一是提高了教师团队的专业实践和研发能力。有 5 位教师下企业顶岗锻

炼半年,参与多个企业项目,主持多个纵向项目。二是提升了该专业的办学实力。构建了全新的课程体系,开发了 10 门课程和 3 个演习开发项目,2 本教材获批国家"十二五"规划立项教材,软件测试课程被纳入到软件技术国家级教学资源库子项目中,目前已上线运行。团队中有 1 人被评为省"青蓝中青年学术带头人",1 人被团省委评为"江苏省技术能手",2 人被评为校级名师。三是本专业改革带动辐射了专业群内的其他专业。其中软件技术专业 2012 年通过江苏省特色专业验收,成为 2012 年麦可思调查反馈的我校就业竞争力第一的专业,2013 年启动与南京邮电大学合作"3＋2 分段"培养项目,积极探索软件类专业职教立交桥的构建。

学生培养质量提升。培养对象学员与职员身份的合一,学生走进校门时既是南工院的新生,也是企业的后备军,学生学习的过程也是职业认知、职业体验、职业成长的过程,学生离开学校时,既是南工院的毕业生,又是具备良好的职业素质、职业能力,受过职场文化熏陶的企业人。在校期间,50％以上的学生通过了日语 N5 级证书。

2. 企业方面

在学校建立了高质量的、稳定的新员工招聘基地,降低了公司招聘成本。针对部分岗位,采取定向培养的方式,将公司新人教育的部分内容前移到学校进行,员工参与前期授课及前期管理。学校教师顶岗实践,参与公司实际项目,了解公司研发流程,共同开发教育资料,采取以上各种措施,提高人才培养的针对性。实践证明,采取该模式一定程度解决了企业用人问题。

企业对入职后的学生评价高,南工院校友有较强的组织纪律性,能够遵守并执行公司的各项规章制度,认真敬业,责任心强,学习能力较强,能够积极主动地融入团队,得到各项目部的肯定。其中涌现出非常优秀的同学。

3. 学生方面

学生素质提升快,合作以来,学生在校期间取得丰硕成果:2 名同学获国家级奖学金,20 余名同学获"发明杯"等国家级竞赛一等奖;毕业进入企业后普遍有较好的发展,其中 62 人已成为主管以上技术骨干,8 名同学已经成为项目经理,2009 级的一位同学已赴公司总部工作。

2.5.2 辐射与推广成效显著

1. 辐射应用，经验共享

为部分专业开展校企深度合作育人提供了样板，借鉴该合作方式与合作内容，出现了校企合作教育的典型案例。推广了"演习开发"的实践教学模式，软件学院其他专业多门实践课程的建设与实施中，使用经裁剪的企业项目，采用"演习开发"的实践教学方式，教学质量有较大提升。

2. 校外推广，辐射面大

向到访的多所兄弟院校专题介绍过该成果，同行们一致认为该成果具有工作做得实，实际效果好的特点。该成果曾参展国家示范校周年成果展；入选江苏省教育厅主编的《江苏省高等职业教育改革与发展创新案例》；在 2013 年海峡两岸高职教育发展论坛做专题宣传与展示。

3. 拓展领域，全面合作

双方在软件服务专业方向深度合作的基础上，固化合作模式与合作形式，积极拓展新的合作领域，目前企业已深度参与我院移动互联网应用技术新专业的建设，接纳了多位教师在移动应用开发岗位进行项目实践。启动基于云计算的数字化教学平台和面向新能源汽车开发的远程数据处理系统等项目的联合研发。

2.5.3 主要解决的教学问题

1. 培养目标与岗位要求不适应

外包专业人才不能适应岗位要求主要表现在：外语水平不高；跨文化交流能力不强；软件技术规范掌握不牢；外包业务领域知识针对性不够。通过调研，明确把"三通"作为软件外包人才培养的核心目标，通过实施校企"五对接"，大幅提高了学生与岗位的适应度，受到企业好评。

2. 课程体系与能力培养不匹配

本成果紧紧围绕着外包人才的核心能力构建课程体系，技术与规范类、语言与跨文化交流类、外包业务领域知识类这三类课程的设置达到 15 门，不仅数量充足，针对性强，而且按照所学内容的特点和学生的学习规律来设计课程的体系，突出了语言学习的持续性，文化体验的渗透性、专业知识的强化性和技能训练的递进性等,解决了课程开设与岗位核心能力的培养关联度不够,针对性不强的问题。

3. 教学内容与技术更新不同步

深度合作专业共建以前,软件外包专业课程的教学内容普遍滞后于岗位工作内容与流程,实施校企"五对接",形成了随动机制,以外包行业规范与标准、新技术、新方法为依据,采取版本控制的方式,对课程内容进行动态更新,确保了软件外包行业与企业的新技术、新发展、新要求、新规范能及时进人才培养方案、进课堂、进教材。

4. 学生学习与工作关联不紧密

为尽早让学生了解企业和岗位,安排学生四次进入企业实习,从专业认知到岗位体验,从综合实训再到顶岗实习,分阶段地加深对所学专业和从事工作的理解。教学内容由企业真实项目改造而来,实践教学组织形式也模拟企业采用项目组式,使得学习的过程类同于工作的过程。

第三章 共建人才培养方案

人才培养方案是开展人才培养的指导性文件,是开展教学活动的依据。根据专业培养目标和培养规格所制定的实施人才培养活动的具体方案,是对专业人才培养的逻辑起点、培养目标与规格、内容与方法、条件与保障等培养过程和方式的描述和设计。校企共育国际化软件服务外包人才的实践过程中,充分发挥企业用人机制和学校育人机制的耦合作用。精心制定人才培养方案,构建校企"三段融合"的特色课程体系,以"五对接"的形式共同制定并落实实施方案,为人才培养显著提升打下了坚实基础。

3.1 国际化软件外包产业与人才需求调研报告   <<<<<

专业调研与人才需求调研是制定人才培养方案的基础性工作,通过校企共同研讨,在科学务实的专业调研基础上,才能明确专业所服务的岗位群或技术领域的人才需求,确立专业的人才培养目标;梳理岗位(群)或技术领域的典型工作任务,进行职业能力分析,明确岗位(群)所需要的知识与能力,构建与核心技术相应的学习领域(核心课程),并以此为基础,融入素质教育与高等教育的要求,进行系统化的整体设计,构建以满足学生职业发展与个性需求为特征的课程体系。

因职业教育以就业为导向,随着新技术、新业态的迅猛发展,特别是计算机领域,行业发展快,所以在本专业建设过程中持续进行专业调研,常态化更新,方能在专业建设中体现行业产业的发展变化,人才培养才会有针对性。专业调研报告是动态编写过程,表3-1为本专业方向的专业调研报告版本记录。

表 3-1 专业调研报告版本记录

版本	日期	修改内容	校内教师	企业工程师	审核人
V1.0	2008-4-30	校企共同制定初稿	教学团队 6 人	项目经理 3 人	教学团队
V1.1	2009-4-21	1. 南京市非常重视软件外包产业发展,给软件外包人才培养带来新机遇,通过调研与企业合作现状,将软件外包人才培养纳入学校重点发展的方向	教学团队 6 人	项目经理 5 人	教务处公司管理团队
V1.2	2011-4-28	1. 增加对《关于示范城市离岸服务外包业务免征营业税的通知》《南京市国民经济和社会发展第十二个五年规划纲要》等政策的研读。 2. 南京获批中国服务外包示范城市,带来软件外包人才需求的并喷,专业随动产业发展	教学团队 6 人	项目经理 5 人	教务处公司管理团队
V1.3	2013-5-17	1. 外包产业发生新变化:全球竞争加聚,人才成本增加,企业革新流程,提高外包产出,一线实用人才向英才化方向培养。 2. 南京新建两家软件外包产业园,走进园区调新,新增密切合作企业 2 家	教学团队 6 人	项目经理 5 人	教务处公司管理团队

　　服务外包产业是智力人才密集型现代服务业,具有信息技术承载高、附加值大、资源消耗低、环境污染小、国际化水平高等特点。服务外包是指企业将价值链中原本由自身提供的具有基础性的、共性的、非核心的 IT 业务和基于 IT 的业务流程剥离出来后,外包给企业外部专业服务提供商来完成的经济活动。

　　服务外包是指企业将价值链中原本由自身提供的具有基础性、共性、非核心的 IT 业务和基于 IT 的业务流程,外包给专业服务提供商来完成的一种服务模式。从服务内容上,分为信息技术外包(ITO)、业务流程外包(BPO)和知识流程外包(KPO),其中 ITO 占服务外包总量的约 70%;从地理分布上,分为

离岸外包和境内外包。本调研报告所指服务外包重点指包括软件研发、信息技术研发、信息系统运营维护等信息技术外包(ITO)。

3.1.1 行业(产业)调研情况

1. 产业政策

(1)国家产业政策

国家大力发展信息技术等战略性新兴产业,将战略性新兴产业上升为国家意志,并明确采取政策扶持与创造良好的产业环境,坚持创新发展,将战略性新兴产业加快培育成为先导产业和支柱产业,而服务外包产业是其中的重要内容。国家相关部委和各地区近年来密集出台一系列支持与扶持服务外包产业大力发展的政策。

2006年,中国商务部启动了"千百十工程",以推动国家发展强有力的外包服务产业。商务部期望这个新兴产业在中国自身商业基础设施中发挥较大的作用,同时推动中国跻身于世界领先外包中心的行列。

2009年,《国务院办公厅关于促进服务外包产业发展问题的复函》(国办函〔2009〕9号),近一步明确了对服务外包产业具体支持政策。

2010年《关于示范城市离岸服务外包业务免征营业税的通知》(财税64号)中国服务外包示范城市的企业从事离岸服务外包业务取得的收入免征营业税。从事离岸服务外包业务取得的收入,是指本通知第一条规定的企业根据境外单位与其签订的委托合同,由本企业或其直接转包的企业为境外提供本通知附件规定的信息技术外包服务(ITO)、技术性业务流程外包服务(BPO)或技术性知识流程外包服务(KPO),从上述境外单位取得的收入。2010年7月1日至本通知到达之日已征的应予免征的营业税税额,在纳税人以后的应纳营业税税额中抵减,在2010年内抵减不完的予以退税。

2017年,《软件和信息技术服务业发展规划(2016—2020年)》对服务外包专题部署。重点发展鼓励发展服务外包等外向型业务,加快软件和信息技术服务出口,打造国际品牌。

(2)江苏省软件外包产业政策

江苏省有南京、苏州、无锡三个城市入选第一批"中国服务外包示范城市",

高度重视服务外包产业的发展。江苏省将信息技术与软件服务外包作为江苏省第六大新兴产业。《江苏省国民经济和社会发展第十二个五年规划纲要》明确重视发展软件与信息服务业。以提升信息化应用水平为重点,巩固发展行业应用软件,积极开拓 3G 网络服务移动多媒体广播电视等新兴市场,大力发展基于互联网的系统集成供应商、网络增值运营商、解决方案服务商。重点打造以南京"中国软件名城"为核心的苏南软件外包带,把江苏建设成为国内信息化水平最高、国际上享有较高美誉度的软件和信息服务外包强省。

《江苏省软件和服务外包产业发展规划纲要》提出以增强软件和信息服务业核心竞争力为目标,努力提高自主创新能力,加强基础设施和公共服务平台建设,加快产业化应用和推广步伐,加大人才引进培养力度,发挥软件和信息服务业的基础性、先导性、战略性作用。

企业实力不断提升。2013 年,全省通过资质认定的软件企业达 2 000 家,列全国第四位。全省登记服务外包企业 1 915 家,其中 196 家企业通过相关国际资质认证。企业接包能力迅速提升,年离岸外包收入超 100 万美元的企业达 178 家。近年全国服务外包合同金额和执行金额前 50 名企业中,我省分别有 22 家和 16 家企业入围,居全国各省(区、市)首位。

集聚态势日益明显。苏南五市软件企业数、从业人员数、软件业务收入、软件业务出口四项指标占全省的比重分别为 92.2%、97.1%、98.7% 和 99.9%,集聚效应显著。在服务外包领域拥有南京、苏州、无锡 3 个国家级示范城市和 6 个省级示范城市、15 个省级示范区,在建服务外包载体面积超过 800 万平方米。南京、苏州、无锡服务外包合同签约金额和执行金额占全国 20 个示范城市的 38.8% 和 41%。

(3)南京市软件外包产业政策

《南京市国民经济和社会发展第十二个五年规划纲要》提出建设"世界软件名城"目标,并大力发展软件外包服务产业。实施"骨干软件企业计划""软件企业上市培育计划",积极引进全球软件 500 强企业和中国软件百强企业,引导软件企业做大做强。加强基础软件开发,培育一批具有较强市场竞争力的自主软件产品品牌。巩固电力、通信、智能交通等软件外包集群的国内领先地位,实施智慧南京、智慧青奥、千企升级、两化融合、三网融合等一系列示范工程和重点

项目,开拓软件应用市场。到 2015 年,从事软件服务外包业务的企业达到 1 200 家,经认定的软件企业达到 800 家以上,进入全国软件百强企业的数量达到 10 家以上,新培育上市软件企业 5 家。扶持一批具有全国知名度的互联网内容服务企业,大力发展特色电子商务、软件外包服务等新兴业态,发展面向社会公共领域的现代信息服务业。到 2015 年,软件外包业务收入达到 1 000 亿元。

建设集聚发展平台。在加快建设江苏软件园、南京软件园的基础上,重点建设麒麟科技创新园、徐庄软件园、雨花软件园和南京国际服务外包产业园,构建云计算、数据处理中心、论证中心和测试中心等公共服务平台,打造中国南京软件谷,打响中国一流、世界知名的"南京软件"品牌。到 2015 年,省级软件园达到 8 个以上,其中国家级软件园 3 个,新增 1 000 万平方米以上的软件外包园区。

2011 年 8 月,南京市委市政府出台了《以打造"一谷两园"软件外包集聚区为重点,高标准建设中国软件名城的意见》。提出到 2015 年,南京市要建成高标准的中国软件名城,全市软件和信息服务业收入达 4 000 亿元,实现 5 年翻两番,初步形成"一谷两园"软件外包空间布局。到 2020 年,初步建成世界软件名城,全市软件和信息服务业收入超过 10 000 亿元,全面建成"一谷两园"。我院作为地处南京的一所培养技术应用型高等职业院校,获得了重要机遇。

2. 区域产业发展情况

服务外包是随着经济全球化不断发展、产业分工不断细化、通信和互联网技术的广泛应用而迅速发展起来的,越来越多的企业将服务外包作为降低成本、提高效率、增强核心竞争力的重要手段。近年来,全球服务外包一直保持 20% 左右的增长速度。最近几年中国的服务外包行业快速发展,虽然受到经济危机的冲击,但是还是实现了大幅度的增长。软件和服务外包产业发展迅速,规模不断扩大,国际化程度不断提高。

"十二五"期间,服务业在全球转移的新一轮产业结构调整的态势不会改变,经济全球化趋势不可逆转,全球专业化分工的日益深化使服务外包市场规模和业务领域不断扩大。全球服务外包市场正以每年 30%～40% 的速度增长,据麦肯锡预测,到 2020 年,全球服务外包市场整体收入将超过 150 万亿美元,目前服务外包市场规模仅相当于未来的 1% 左右。服务外包涉及的行业领域不断扩大。

(1) 江苏省软件外包产业的发展情况

服务外包产业已确立了自身优势,呈现以下特点:

发展速度持续高位。"十二五"期间,我省软件外包收入和软件出口年均增速在 30% 以上,迅速成长为百亿元级产业。服务外包接包合同签约金额和执行金额呈现连年翻番的增长势头,产业规模、企业数量、从业人员等居全国首位。

产业特色初步形成。苏南服务外包产业带初具规模,软件研发、动漫创意、工业设计、供应链管理和金融后台服务等产业集群初步形成。

坚持离岸外包和境内外包相结合,培育和开拓服务外包市场,建立和完善接、发包服务平台,大力提升服务外包产业层次,抢占产业制高点。至 2012 年,全省服务外包接包签约金额和执行金额分别突破 250 亿美元和 180 亿美元,其中离岸外包执行金额达 60 亿美元以上,年均增长 60%。

(2) 行业在南京经济中的地位、发展规模

南京是获得工信部授予的第一个"中国软件名城"称号的城市和第一批"中国服务外包示范城市",2013 年软件外包产值规模 350 亿元,年均复合增长率达 35%,软件外包企业 200 余家,年均软件外包人才需求达 3 万余人。

近几年,南京在加强对华为、中兴等大型企业的分析研究的同时,积极学习相关服务外包示范城市在吸引大型服务外包企业入驻方面的做法和经验。出台了一系列吸引服务外包总部企业、区域总部企业、骨干龙头企业的有效方法和措施,吸引国内百强企业将其 IT 总部落户南京,吸引相关服务配套企业落户南京,在税收、土地上给予一定优惠,不断完善产业发展环境,确保政策落地,进一步集成和创新政策,完善政策体系。

日本和韩国仍然是中国离岸服务外包的主体市场,以中国软件离岸外包市场为例,日韩客户贡献了近 56% 收入。

3. 产业发展对人才需求的情况

政府重视软件外包人才的培养,引导软件外包人才的培养改革。《教育部商务部关于加强服务外包人才培养　促进高校毕业生就业工作的若干意见》要

求:高校要根据服务外包产业快速发展的需要,调整服务外包人才培养结构,扩大服务外包人才培养规模,着力提高人才培养质量。服务外包产业涉及软件研发、产品技术研发、工业设计、信息技术研发、信息技术外包服务、技术性业务流程外包等领域,各类高校要在相关专业开展服务外包人才培养工作,在高职高专、本科、研究生等层次培养高质量的服务外包人才,力争在 5 年内培养和培训 120 万服务外包人才,新增 100 万高校毕业生就业,实现 2015 年承接国际服务外包业务 600 亿美元。

示范性软件学院和示范性职业技术软件学院要把培养服务外包人才作为一项十分重要的任务来完成,其中,示范性软件学院以培养高端服务外包人才为主,促进中国服务外包产业的总体创新能力和竞争实力的提升。"中国服务外包示范城市"的各类高校应在服务外包产业所涉及的专业增设服务外包专业方向。

明确"人才主导型"的软件和服务外包产业发展战略,创新人才培养培训机制,建立针对不同领域、不同层次的人才教育培训体系。重点支持南京国家级服务外包人才培训基地和省级软件及服务外包人才培训基地建设,充分利用高校、科研机构、大型企业人才教育培训资源优势,引入国际领先的人才培养经验和模式,结合企业所需,针对不同专业要求、不同岗位需要、不同人才层次,积极开展学历培训、企业定制培训、委托培训、资质认证培训等多种形式的培训。建立境外人才培养模式,鼓励有条件的企业采取"送出去"方式,重点培养熟悉跨国经营、掌握跨文化操作、能够打通国内外业务渠道的中高级管理和专业人才。进一步加大人才引进力度,重点引进项目经理、高级管理、外包项目接单、系统架构师、信息安全管理和复合型专业人才,从根本上解决软件和服务外包人才结构和市场需求之间的矛盾,为软件和服务外包产业持续发展提供强有力的人才支撑。发挥"江苏软件奖学金""服务外包人才培训专项资金"的作用,加大对优质培训机构和优秀培训学员的资助力度。

调查显示,软件外包企业特别需要掌握新技术、熟练应用外语、了解行业知识、具有较强实践动手能力的一线技能应用型、复合型人才,而现实情况是高职院校培养的软件外包人才的质量和企业要求严重脱节,难以适应企业岗位需求。调查后梳理主要存在的问题如下:

（1）教学内容相对滞后于 IT 技术的发展，教学模式不适应 IT 技能训练要求，人才培养与产业发展需要脱节，难以学以致用。

（2）案例教学、项目教学内容过少，实践教学设施条件相对不足，应届毕业生实际操作能力和综合能力比较差。

（3）软件实用人才培养过程缺少典型软件企业的实际参与、缺乏一支高水平的双师型教师队伍。

（4）外语水平不高，跨文化交流能力不强，软件技术规范掌握不牢，外包业务领域知识针对性不够。

因此对于大力发展江苏软件与服务外包业、打造南京软件名城，软件外包应用型实用人才的质量和数量保证非常重要。职业教育的根本任务是以服务为宗旨，以就业为导向，培养具有较强实际动手能力和职业能力的技能型人才。我校软件技术专业是省级特色专业，经过多年的发展，在软件实用人才培养模式、校企合作、外包人才培养、社会服务等方面具备了一定的基础。

通过调研分析，形成以下人才培养面向的核心岗位及岗位工作任务需求信息表，具体内容见表 3-2。

表 3-2　岗位任职需求表

职业岗位	典型工作任务	职业能力要求	专业核心课程
软件外包开发工程师	任务 1：需求分析 任务 2：设计实现数据库 任务 3：系统详细设计 任务 4：编写 Web 应用程序前台交互界面 任务 5：使用 JSP 等技术编写 Web 应用程序模块 任务 6：编写测试用例，进行单元测试 任务 7：撰写文档	1. 熟练搭建桌面软件或 Web 软件开发测试环境 2. 按照软件工程规范完成详细设计 3. 设计和实现数据库 4. 利用 Java 编程实现桌面系统的功能 5. 设计简单页面 6. 利用 JSP 等技术编程实现 Web 应用的功能 7. 优化和改善用户体验 8. 编写测试用例进行单元测试 9. 阅读和撰写规范的软件文档 10. 与客户和团队成员进行友好的沟通和交流	1. 面向对象程序设计 2. 数据库管理与应用 3. Web 应用开发 4. 外包软件过程及项目管理 5. 生产性项目演习开发与发表

续表 3-2

职业岗位	典型工作任务	职业能力要求	专业核心课程
测试工程师	任务 1：制定测试计划 任务 2：实施集成测试 任务 3：实施系统测试 任务 4：实施验收测试 任务 5：实施维护测试 任务 6：撰写文档	1. 指定测试计划 2. 设计测试用例 3. 合理选择测试方法和自动化测试工具 4. 正确执行测试过程 5. 规范地书写测试报告 6. 与客户和团队成员进行友好的沟通和交流	1. 测试技法 2. 外包软件过程与项目管理 3. 生产性项目演习开发与发表
技术支持工程师	任务 1：搭建软件系统运行平台 任务 2：部署、运行软件系统 任务 3：培训用户 任务 4：提供售后技术支持 任务 5：维护系统 任务 6：撰写文档、使用说明书	1. 熟练使用特定的商业软件 2. 解决客户使用软件过程中出现的问题 3. 规范地书写日文式样书 4. 与客户和团队成员进行友好的沟通和交流 5. 提出改进方案 6. 有效管理技术支持团队	1. 外包软件过程与项目管理 2. 外包企业文化及职业素养

3.1.2 调研结论和建议

1. 总体结论

行业前景：软件外包产业发展快，呈爆炸式增长，软件外包产业是 IT 领域未来新增长点。

区域企业人才需求：移动互联网应用开发方面的人才需求奇缺，软件外包开发工程师、测试工程师、技术支持工程师。

专业建设思路：面对人才培养的现状与问题，校企深度对接，主要是指校企双方在战略、团队、技术、形式、管理等五个方面全面对接，从而实现人才培养的定位、师资队伍、教学内容、教学方式、教学管理这五个关键要素的全面优化。校企"五对接"是培养"三通"人才的途径与方法。

江苏省内地位：目前江苏省高职院校开设该专业的院校还较少，而我院相关建设工作起步早,以课程建设为中心,以校级教学资源库、全国职业技能大赛建设为抓手,加大专业核心指标、内涵建设,各项工作已初显成效。

2. 对人才培养方案修订的建议

通过专业调研,进一步明确了专业培养目标对应的职业岗位或岗位群,清晰了人才培养所面向服务区域行业企业情况,明确了这些岗位或岗位群所要求的职业技能。下一步精心设计课程体系、实践体系,优化专业支撑条件:校企合作、"两双型"师资队伍、实践教学条件、教学质量保障。

(1)校企双方共同研讨,围绕"三通"国际化外包人才的培养目标,构建出富有特色的课程体系,并将企业5个月的新人入职教育内容(包括外语、跨文化交流、技术规范等)嵌入其中,制订出人才培养方案。以校企合作为平台,将工学结合贯穿于人才培养全过程、各环节,要根据各专业面向的岗位(群)和职业资格标准,遵循高职教育规律和职业成长规律,认真分析各专业的专业特色,创新人才培养模式。

(2)推进教学模式改革,实现教学过程与生产过程对接。积极推进教学与生产的深度融合,深入推动订单培养、顶岗实习、工学交替等教学模式,使教学目标与岗位要求相一致,教学内容与生产实际相一致,教学环境与生产现场相一致,教学组织与生产管理相一致,不断提高学生的职业道德、职业技能和就业创业能力。

(3)专业建设随动企业战略。该成果促进了专业调整随动产业与企业的新发展,人才培养的目标随动岗位的新要求,课程的教学内容随动技术的新发展,有利于培养出满足软件外包企业需求的实用人才。

调研所用到的资料如下。

1. 相关产业规划、重要政策文件

(1)国民经济和社会发展第十二个五年规划纲要。

(2)国发〔2010〕32号,国务院关于加快培育和发展战略性新兴产业的决定。

(3)十二五"国家战略性新兴产业发展规划。

(4)江苏省国民经济和社会发展第十二个五年规划纲要。

(5)南京市国民经济和社会发展第十二个五年规划纲要。

2. 调查问卷表

3. 其他调查资源罗列

3.2 "三通"国际化软件外包人才培养方案　　<<<<

制定专业人才培养方案是依据专业调研报告、富士通南大等代表企业人才需求,按照人才能力和品德的形成发展规律,对培养过程、培养方式和课程体系的总体设计,是保证学校、企业双方实施教学的权威性核心教学文件,是安排教学任务、进行教学管理的基本依据。

科学制定人才培养方案是校企双方合作的重要内容之一,双方指派专人负责计划的制定工作,充分酝酿讨论,认真吸取企业用人需求,并在企业、学校一定范围内召开工程师、教师和学生座谈会,听取对专业人才培养方案中课程教学内容和安排的具体意见。为了突出专业人才培养方案的针对性,以学校、富士通南大为主体组建专业指导委员会,共同制定,切实做好该专业方向的人才培养方案的制定工作。

专业人才培养方案既要符合高等技术应用性人才的培养规格,具有相对稳定性,又要根据经济、科技、文化和社会发展的新情况,适时进行调整和修订。为了进一步拓宽专业口径,优化课程结构,增强适应性。不间断地调整优化专业课程结构,不断增加有利于学生素质提升和创新能力培养的综合性课程和创新教育课程,设置有利于增强学生就业能力的新课程,尝试开设其他相关的特色课程。人才培养方案修订版本情况见表3-3。

软件服务外包专业方向将软件外包人才培养分为三个阶段:第一阶段,打牢软件服务外包的专业基础与文化基础,主要是1~3学期的校内公共基础课;第二阶段,学习技能与企业素养阶段,主要是第4、5学期校内和企业的校企共建课程学习;第三阶段,主要贴近企业岗位真实需求,实施演习开发等教学,主要是第5学期1个月的企业个性化课程学习和第5、第6学期共6个月的顶岗实习。由校企双方共同制定人才培养方案与培养体系,共同实施。

表 3-3　人才培养方案版本记录

版本	日期	修改内容	校内教师	企业工程师	审核人
V1.0	2008-5-24	依据专业调研报告校企共同制定	教学团队 6 人	项目经理 3 人	教学团队
V1.1	2009-6-21	1. 固化生产性项目演习开发课程，形成固定教学模式。 2. 将软件外包人才明确地划分为"三阶段"培养，明晰双方在人才培养过程中的职责。 3. 确定将企业 5 个月的新人入职教育提炼成校企共建课程，构建出富有特色的课程体系	教学团队 6 人	项目经理 5 人	教务处公司管理团队
V1.2	2011-6-17	1. 面对金融危机后，日本外包业务转向中间件开发的趋势，《编程能力强化与深化课程》由 80 学时增加到 120 学时，增加框架技术。 2. 减少日企文化校内学时比例；加大企业教学学时	教学团队 6 人	项目经理 5 人	教务处公司管理团队
V1.3	2013-6-17	1. 增加企业外包业务领域知识课时，由 32 学时增加到 48 学时，主要是日方金融业务领域知识	教学团队 6 人	项目经理 5 人	教务处公司管理团队

备注：本书中，实施方案节选 V1.0；人才培养方案来自 V1.3。

3.2.1　人才培养目标

"三通"是指软件外包人才必须通外国语言与文化、通软件技术与规范、通外包业务领域知识，这是国际化软件外包人才培养目标的核心内容。具体培养目标是：

培养德、智、体全面发展，综合素质优良，牢固掌握必需的科学文化基础知识，具有良好的职业素质、实践能力和创新创业意识；掌握软件外包服务专业知识与技能，掌握软件开发、软件测试、数据库应用、开发规范及品质管理等应用技术，具备一定的软件需求分析和系统设计能力，能按照软件工程规范熟练地完成程序编制等任务，日语水平达到 N5 级以上且深谙日本软件开发企业文

化、所从事外包项目的业务领域知识,能够从事全日文软件开发环境下进行软件设计、编码、测试、系统维护、咨询与技术支持等工作,有可持续发展能力的掌握新技术、熟练应用外语、了解业务领域知识、具有较强实践动手能力的一线技能应用型、复合型人才。

3.2.2 人才培养规格

1. 招生对象

高中毕业生

2. 培养年限

三年

3. 培养依据

依据富士通南大为代表软件服务外包企业的分业化的岗位需求情况,主要进行两个岗位方向的培养。

测试类方向:

(1) 在实际的工作中,能够担当应用类型程序的黑盒测试工作。包括要因分析(至少包含 80% 逻辑不复杂部分),测试用例制作,测试数据的构建(有时候,需要会写脚本),测试的执行,测试结果的记录。

(2) 在实际的工作中,能够担当测试环境的构建和安装。

(3) 在实际的工作中,能够担当性能测试以及结果的初步分析。

(4) 在实际的工作中,对于一般代码逻辑不复杂的应用类型程序,和计算机专业的一些规范和协议(例如:TCP/IP、Bluetooth、W3C 等协议),具备代码的白盒测试能力。主要是 xUnit 的编码和 debug 模式下的测试能力。

编码类方向:

(1) 在实际的工作中,能够担当功能明确的逻辑不复杂的一般性编码工作。

(2) 界面设计、脚本编程、业务逻辑编程及系统部署能力。

(3) 程序阅读和算法设计能力。

(4) Web 前端设计和开发能力。

实现字符串的拆分和合并,对数据库(表)的逻辑不复杂的增、删、改、查的编码,一般的 GUI 程序开发。相应的,也希望具有和编码能力同等的 review 能力。

4. 培养标准(见表 3-4)

表 3-4　培养标准

能力	培 养 要 求
软件 实现能力	熟练使用 Eclipse,进行 Java 程序的编辑、编译,运行和调试
	掌握 Web 应用系统的界面设计、脚本编程、业务逻辑编程及系统部署能力
	能够按照外包软件开发规范流程,使用富士通南大的 SPIF 工具控制下的软件开发
	用户需求说明书、软件规格说明书、概要设计说明书、数据库设计说明、详细设计说明书等软件开发文档的阅读与理解能力
软件 测试能力	熟练使用富士通使用的 selenium CT 工具完成单元测试、集成测试、性能测试和回归测试
	熟练使用 SPIF 工具撰写软件测试计划、测试用例和测试报告
	熟练使用 LoadRunncr 等工具搭建性能测试环境并进行测试
外语语言与 文化交流	能够正确阅读外包国语言的需求说明书、设计文档,与业务方进行书面沟能,了解外包业务国家相应的文化
职业素养	熟悉行业政策法规,具备良好职业道德,了解相关企业文化、核心价值观,具备良好的规范意识和团队精神
业务领域 知识	熟悉相应外包方的业务领域知识,熟悉所从事软件外包企业所在国家的业务技术领域知识

5. 职业素质要求

(1) 良好的职业道德和规范、安全、环保、成本和质量意识;

(2) 良好的心理素质和克服困难与挫折能力素质;

(3) 人际交住和协商沟通能力素质;

(4) 工作中与他人的团队协作能力素质;

(5) 与客户交流的能力素质。

6. 职业能力要求

(1) 两门外国语言应用能力;

(2) 计算机应用与维护能力;

(3) 程序设计能力；

(4) 数据库设计与管理能力；

(5) 外包业务管理能力；

(6) 数据结构设计、基本算法设计与分析能力；

(7) 企业级多层架构 Web 应用系统开发能力；

(8) 应用软件开发方法指导软件开发过程的能力；

(9) 对开发的软件系统进行测试的能力；

(10) 撰写软件相关文档的能力。

3.3 构建校企"三段融合"的特色课程体系 <<<<<

课程体系是职业能力培养实施的载体,课程体系的构建是校企融合"五对接"的产物,是双方重点合作内容。通过对岗位群进行分析,结合多年的积极探索和研究,对所需要共同的知识、技能和态度的职业(岗位)进行合并,对具体的专业人才培养目标进行定位,结合社会和企业人才要求的特点,学校、富士通南大共同构建了基于岗位能力的"三段式"的课程体系。根据学校学分制实施的总体设计与进度安排,逐年递增选修学分比例。该课程体系具有技术应用型人才特征明显,理论与实践相互融合,突出了以能力为本位的人才培养特点。整体课程体系与课程结构见图 3-1。

1. 课程体系设计理念

(1) 课程体系以技术为核心

本专业作为以培养实用型、技能型人才为主的专业,培养人才的目标是以技术知识为核心,是面向市场培养具有一定的通晓外语、专业技能的开发人员,学生掌握技术的目的是为了工程化、为了应用。在构建课程和教学模式时始终以知识体系和技术能力的成长为核心。

(2) 适合学生职业素养持续发展

课程最终要内化为学生的身心素质,课程目标的达成依赖于学习者主体的个人参与和积极行动,因此,课程的建构充分考虑了高职学生的特点。是以富士通南大技术为核心,结合企业对职业素养的需要水平。

```
                              ┌─────────────┐
                              │ 企业顶岗实习 │
                              └─────────────┘
第三学年 ────────────────────────────────────────────────────────

┌─────────────┐           ┌─────────────┐        ┌─────────────┐
│外包流程与规范│           │  企业外包    │        │ 企业顶岗实习 │
└─────────────┘           │业务领域知识  │        └─────────────┘
┌─────────────┐           └─────────────┘        ┌─────────────┐
│外包企业文化  │           │ 企业外包技术 │        │ 生产性项目   │
│及职业素养(二)│           │ 专题讲座(五)│        │ 演习开发     │
└─────────────┘           └─────────────┘        └─────────────┘
────────────────────────────────────────────────────────────────
                          ┌─────────────┐
                          │ 编程能力强化 │
                          │ 与深化       │
┌─────────────┐           └─────────────┘        ┌─────────────┐
│外包企业文化  │           │ Web应用开发  │        │外包软件过程  │
│及职业素养(一)│           └─────────────┘        │及项目管理    │
└─────────────┘           ┌─────────────┐        └─────────────┘      ┌─────────────┐
┌─────────────┐           │ 企业外包技术 │        ┌─────────────┐    │Web应用开发  │
│  外包日语    │           │ 专题讲座(四)│        │  测试技法    │    │综合项目实训  │
└─────────────┘           └─────────────┘        └─────────────┘    └─────────────┘
第二学年 ────────────────────────────────────────────────────────

                          ┌─────────────┐
                          │  软件工程    │
┌─────────────┐           └─────────────┘
│数据库管理与应用│         ┌─────────────┐      ┌─────────────┐    ┌─────────────┐
└─────────────┘           │面向对象程序设计│      │ 软件测试基础 │    │C/S架构企业管理│
                          └─────────────┘      └─────────────┘    │软件设计实训  │
                          ┌─────────────┐                          └─────────────┘
                          │ 企业外包技术 │
                          │ 专题讲座(三)│
                          └─────────────┘
────────────────────────────────────────────────────────────────

                          ┌─────────────┐
                          │ 静态网站设计 │
                          └─────────────┘
                          ┌─────────────┐
                          │高级语言程序设计│
┌─────────────┐  ┌───────┐└─────────────┘                          ┌─────────────┐
│  高职英语2   │  │数据结构│┌─────────────┐                          │ 小型管理系统 │
└─────────────┘  └───────┘│ 企业外包技术 │                          │ 设计实训     │
                          │ 专题讲座(二)│                          └─────────────┘
第一学年 ────────────────────────────────────────────────────────
   国际化能力      学科基础    软件开发能力      软件测试能力      实践能力
                          ┌─────────────┐
                          │ 程序设计基础 │
                          └─────────────┘              ┌─────────────┐
┌───────────────┐ ┌─────────┐┌────────────┐           │  学校进行    │
│计算机网络基础  │ │HTML与网页设计│                      └─────────────┘
└───────────────┘ └─────────┘└────────────┘           ┌─────────────┐
┌─────────┐ ┌───────────────┐┌────────────┐           │  企业进行    │
│高职英语1│ │软件学院应用基础│ │ 企业外包技术│           └─────────────┘
└─────────┘ └───────────────┘│ 专题讲座(一)│           ┌─────────────┐
                             └────────────┘           │ 校企交替进行 │
                                                       └─────────────┘
```

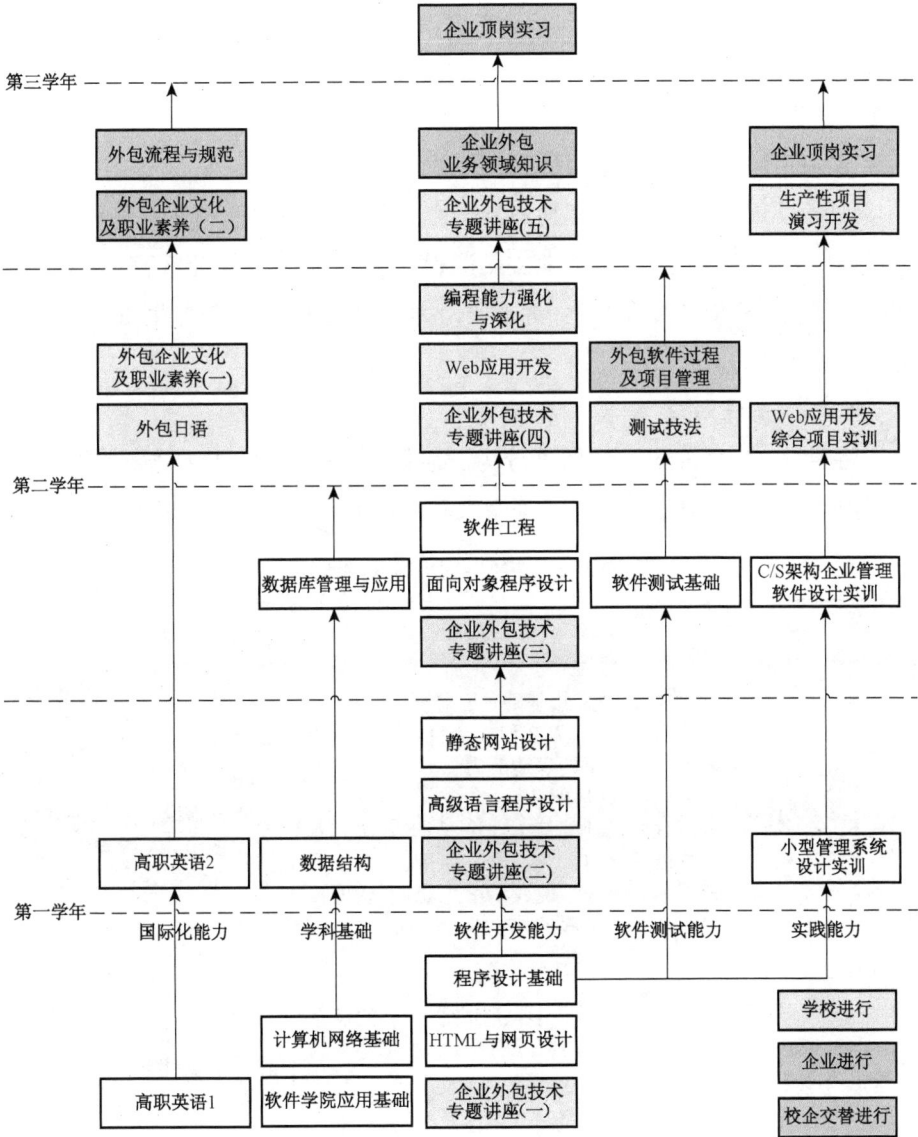

图 3-1 课程体系框架

（3）体现以学生为中心

实践性强的、操作性强的课程科目占课程体系的主要部分,并使课程体系的结构有利于教学过程从以课堂讲授为主转变到以实训、操作为主的教学方式上来,通过富士通南大校外实训基地,让学生能在更多更好的实践环境、动手环境中完成课程学习。

（4）IT 企业文化融入教学

编写 IT 企业文化教材,抓住与富士通南大的合作机遇,消化引进富士通南大的职业素养,联合共建 IT 企业文化课程,系统开展专业文化教育;教师在日常专业课教学中渗透专业文化;富士通南大企业代表、优秀毕业生讲解职业素养和人才标准。

2. 培养阶段划分

将国际化软件外包人才培养分为三阶段(见表 3-5),人才培养全程双主体,计算机与软件学院、南京富士通南大软件技术有限公司共同来执行。

表 3-5 在校期间培养阶段划分

培养阶段	具体目标与内容概述	校企双方的职责
第一阶段 第 1~3 学期 (校内进行)	1. 学好公共文化基础 学习自然科学、人文和社会科学基础及正确的语言文字的表达能力。 2. 打牢专业基础 进行程序设计的基本理论、基本方法和基本技能的学习。 根据学生学习情况及学习志愿,在软件技术专业中重组服务外包专业方向	校方是课程开发与教学的主体。 企业方提供企业软件外包人才的需求,参与课程教学目标的制定
第二阶段 第 4、5 学期 (校企交替进行)	进行"三通"目标培养:校内和企业的校企共建课程学习,共 10 门课程,及企业系列讲座	10 门课程开发由双方共同进行。校方承担 60%的教学工作量,企业方承担 40%的教学工作量
第三阶段 第 5 学期 2 个月及第 6 学期 (企业进行)	根据每位同学(实习)就业企业,进行相应企业的企业专有外包业务知识 1 门课程的学习,并进行顶岗实践	1 门课程企业方承担,校方顶岗实习指导教师承担 30%的教学工作量,企业方承担 70%的教学工作量

3. 教学进程表(见表3-6、表3-7)

表3-6 第一阶段第1～4学期(校内进行)教学进程表

课程模块	课程序号	课程名称	课程性质	学时	学分	各类课程按学期设置的周课时				备注
						第一学年		第二学年		
						18周	19周	19周	19周	
公共课与基础课	1	*高职英语(一)	必修	48	3	4				外语
	2	*高职英语(二)	必修	48	3		4			外语
	5	*高等数学(一)	必修	48	3	4				人文
	6	*高等数学(二)	必修	48	3		4			人文
	7	*软件开发应用基础	必修	48	3	2周				软件学院
	8	*职场交流与创业教育	必修	32	2		3			社科
	9	*体育	必修	96	6	2	2	2	2	体育
	10	*思想政治理论课之基础1(思想道德修养与法律基础)	必修	32	2	3				社科
	11	*思想政治理论课之基础2(职业观与职业生涯规划)	必修	16	1		3			社科
	12	*心理健康	必修	16	1		3			社科
	13	*思想政治理论课之概论	必修	48	3			2	2	社科
	14	*形势与政策	必修	16	1	4/学期	4/学期	4/学期	4/学期	社科
	15	*军事训练	必修	48	2	2周				学工
	16	*军事理论	必修	24	1.5	1周				学工

续表 3-6

课程模块	课程序号	课程名称	课程性质	学时	学分	各类课程按学期设置的周课时				备注
						第一学年		第二学年		
						18周	19周	19周	19周	
技术平台课	17	*劳动实践与素质扩展	必修	24	1		1周			后勤
	18	基础选修课	选修	64	4					教务
	公共与基础课程合计			656	39.5	12	15	8	8	
	19	程序设计基础	必修	72	4.5	6				软件学院
	20	计算机网络基础	必修	48	3	4				软件学院
	21	HTML 与网页设计	必修	48	3	4				软件学院
	22	高级语言程序设计	必修	48	3		4			软件学院
	23	数据结构	必修	72	4.5		6			软件学院
	24	静态网站设计	必修	48	3		2周			软件学院
	25	小型管理系统设计实训	必修	72	3		3周			软件学院
	26	面向对象程序设计	必修	96	6			6/2周		软件学院
	27	软件工程	必修	48	3			4		软件学院
	28	软件测试基础	必修	48	3			4		软件学院
	29	数据库管理与应用	必修	72	4.5			6		软件学院
	30	C/S 架构企业管理软件设计实训	必修	96	4			4周		软件学院
	技术平台课程合计			768	44.5	14	14	20		

表 3-7 第二阶段、第三阶段第 4～6 学期(学校企业)教学进程表

课程序号	课程名称	课程性质	学时	学分	各类课程按学期设置的周课时			备注
					第 4 学期	第 5 学期	第 6 学期	
					19 周	19 周	19 周	
1	外包日语	校企共建	128	8	4	8		校企共同完成
2	Web 应用开发	校企共建	72	4.5	6			校企共同完成
3	编程能力强化与深化	校企共建	120	7.5	6/2 周			校企共同完成
4	测试技法	校企共建	72	4.5	6			校企共同完成
5	外包软件过程及项目管理	校企共建	48	3	4			校企共同完成
6	Web 应用开发综合项目实训	校企共建	96	4	4 周			校企共同完成
7	外包企业文化及职业素养	校企共建	80	5	4	4		校企共同完成
8	外包流程与规范	校企共建	48	3		6		校企共同完成
9	生产性项目演习开发	校企共建	120	5		5 周		校企共同完成
10	企业外包业务领域知识	企业专有	48	2		3 周		企业个性化课程
11	企业外包技术专题讲座	企业专有	48	2	每学期 4 次			企业专题讲座
12	企业顶岗实习	企业专有	408	17				企业个性化课程

此阶段的课程与第一阶段课程的衔接关系、递进关系如图 3-2 所示。

第6学期(企业实习)

企业顶岗实习

学校进行

企业进行

校企交替进行

第4~5学期(校企共建课程)

Web应用开发综合项目实训	测试技法		
生产性项目演习开发	Web应用开发	企业顶岗实习	
外包企业文化及职业素养(一)	企业外包技术专题讲座	外包企业文化及职业素养(二)	外包流程与规范
外包日语	编程能力强化与深化	企业外包业务领域知识	外包软件过程及项目管理

第1~3学期(学校课程)

软件工程	静态网站设计	面向对象程序设计	企业外包技术专题讲座
数据库管理与应用	数据结构	高级语言程序设计	软件测试基础
高职英语2	计算机网络基础	程序设计基础	C/S架构企业管理软件设计实训
高职英语1	软件学院应用基础	HTML与网页设计	小型管理系统设计实训

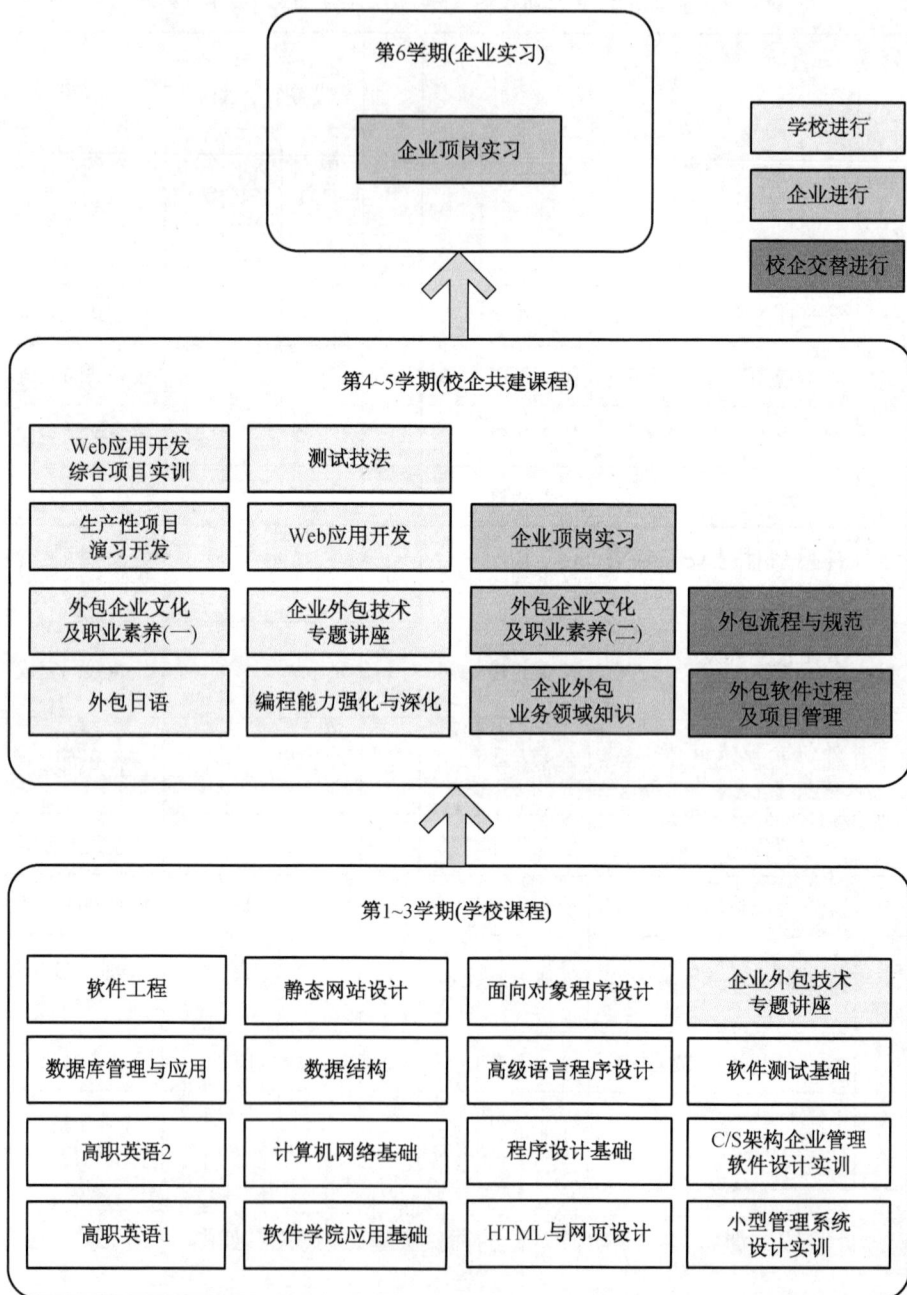

图 3-2　课程体系的递进关系图

3.4 联合定制人才培养实施方案(Vl.0) <<<<<

校企双方共同制定人才培养方案中部分课程置换。双方根据富士通南大企业自身的需要,在统一执行专业方向人才培养方案的基础上,设置部分可学分置换的课程。按开发与测试岗位两个方向,由企业项目组一线管理与技术骨干分析岗位核心能力、关键技术和生产活动中所需知识、技能与技术标准,整理出一线工作所需技术与能力要求,形成人才培养目标。主要有以上两类课程。

技术类课程(共计 424 学时):C 语言强化、软件开发入门、软件开发指南、标准软件开发过程、企业内部沟通与交流、科技文档制作、Excel 使用技法、Word 使用技法、配置管理、SPIF 使用、Review 技法、测试技法、黑盒测试实战、自动化测试技法、功能设计书(FD)作成技法、结构设计书(SD)作成技法、演习开发、演习发表;

语言类课程(共计 149 学时):日语。

联合定制实施过程:

1. 前期工作

双方于 2010 年 4 月底启动该项工作,组建工作小组,小组成员包括我院分管教学的院长助理、分管学生的副书记,企业方由 2 位开发部部长,负责具体推进本项目。双方就教育方式、时间节点、教育内容、教学资料开发、教学实施与管理等内容,进行多轮协商与沟通,最终于 7 月份形成关于 2008 级富士通班教育的工作方案,8 月签订人才培养协议。后面的具体工作以协议为框架,严格按工作方案的时间节点进行实施。

2. 共同制定人才培养方案中部分课程置换

校企双方共同制定人才培养方案中部分课程置换。双方根据富士通南大企业自身的需要,在统一执行专业方向人才培养方案的基础上,设置部分可学分置换的课程。按开发与测试岗位两个方向,由企业项目组一线管理与技术骨干分析岗位核心能力、关键技术和生产活动中所需知识、技能与技术标准,整理出一线工作所需技术与能力要求,形成人才培养目标。校企合作将技术与能力

要求进一步整理、归类,提炼典型工作任务,校企双方人员进行专题研讨,最终形成以下定向课程(见表 3-8),学校侧重于处理好定制课程与专业课程的衔接方面的问题,根据教学规律形成规范的课程标准,并通过教学实践不断改善。

表 3-8　人才培养中企业方置换课程

适用对象		课程名称 (含各类实践课程)	学时/ 学分	教学形式	考核方式	教学地点
人才培养计划	1	C 语言编程项目实战	32/2	学做合一	考试＋平时	学做合一教室
	2	日语	96/6	知识	N5 考级	学做合一教室
	3	FNST 软件开发与过程管理	48/3	学做合一	考试＋平时	学做合一教室
	4	FNST 团队协作与软件品质保证	36/2.5	学做合一	考试＋平时	学做合一教室
	5	富士通生产性项目演习开发	96/4	综合实训	项目成果	实训室

3. 共同开发教学资料

根据企业开发与测试两个方向工作岗位的要求,校企双方组建课程开发团队(企业方 5 人、专业教师 4 人),进行联合教育资料的定制开发。课程开发的指导思想为课程内容体现企业的专用技术,课程以项目引导,载体为裁剪后的企业生产性项目,突出工程实践教学。

我院于 2010 年 7 月份至 2011 年 3 月份半年期间共派遣了 4 位教师全日制进驻企业进行为期半年的项目实践锻炼,派遣的教师深入企业的生产性项目,融入项目团队中,了解其项目管理流程、开发流程。双方联合办公,这为教育资料的顺利开发提供了时间与沟通交流保障。2011 年 4 月经过双方 50 天左右的付出,在企业内部教育资料的基础上,开发出面向我院的 FNST 软件开发与过程管理、FNST 团队协作与软件品质保证、富士通生产性项目演习开发综合实训三门课程。

4. 组建班级

项目介绍与公开报名。每年 9 月初企业到学校进行宣讲,企业介绍了企业的发展历程、技术和业务领域、企业的文化以及人事政策。我院就教学上的安排、学生的报名和组班程序等作解释。学生在充分了解该项目后，报名积极，每年有 100 余名同学。

组建班级。进行 C 语言编程能力考试来进行选拔，每年平均 40 名同学入围。就学生的学习能力、综合素质等多方面征求任课教师的意见和班主班的意见，最终 32 名同学进入富士通班。在组班前由教学院长和分管学生的书记分别找同学谈话，提学习要求。

5. 实施教学

我院专任教师 6 人、企业兼职教师 5 人全程参与教学。课程教学以我院教师教学为主，实战演习开发以企业兼职教师为主。富士通班校内教育分为两个阶段。第一阶段为专题技术教育即 FNST 软件开发与过程管理、FNST 团队协作与软件品质保证等四门课程教学，持续时间 6 周，完成 210 余学时的教学。第二阶段为实战演习，完成 4 周的富士通生产性项目演习开发，将学生分成 6 个小组，模拟企业软件开发流程，企业根据小组工作成果对优秀同学进行物质奖励。

3.5　共同实施人才培养方案的主要方式 <<<<

校企双方共同进行以培养出企业所需的"通外语、通专业、通业务"的国际化软件外包人才需求为目标，共同进行国际化软件外包人才培养。校企双方在战略、团队、技术、形式、管理等五个方面全面对接，从而实现人才培养的定位、师资队伍、教学内容、教学方式、教学管理这五个关键要素的全面优化。

1. 共同开展专业调研

企业派出多名项目经理参与学校的专业建设工作。校企双方按照外包企业开发与测试两个岗位方向开展调研，整理出工作岗位所需的技术与能力要求，明确软件外包人才培养与普通软件人才培养的差异，完成了职业能力分析。完成专业调研报告，每年 4 月份双方共同研讨，进行适当修订。

2. 共同制定"三段融合"的课程体系

校企双方共同研讨，围绕"三通"国际化外包人才的培养目标，构建出富有

特色的课程体系,并将企业 5 个月的新人入职教育内容(包括外语、跨文化交流、技术规范等)嵌入其中,制订出人才培养方案。完成人才培养方案,每年 6 月份双方共同研讨,进行适当修订。

3. 团队混编双方流动

企业工程师也参与实际的教学工作,承担了 30% 以上的实践课程教学任务,举行企业技术专题讲座,每学期 4 次,参与部分课程及"演习开发"实践教学。

将企业最新的 AngularJS 等技术引入课堂,融入课程的教学内容;将企业真实的软件产品和项目进行裁剪,开发出实践教学的项目,将企业开发与测试岗位的工作内容及外包技术规范作为素材,开发了系列教学资料;对企业的工作场景进行模拟改造,建立了校内实训室。技术对接是校企融合共育人才的核心。

依据企业的外包服务工作内容、流程、方式等创新理论教学与实践教学形式。创设了"主题学习式"的理论教学方式,即依据岗位工作中涉及的专题技术设立学习主题,每个主题集中 5~10 天进行讲授;创设了"演习开发"的实践教学方式,实施基于软件外包产品开发过程的教学实践、技能训练、管理规范和能力评价。形式对接是校企融合共育人才的手段。

引进富士通南大外包项目的实施与组织管理方式,在学生中组建教学项目组,模拟企业对学生进行角色分工;每组要举行周例会、晨会、日报等,模拟企业的日常管理模式。在学习场所开展职场环境建设,渗透了企业的管理文化元素。管理对接是校企融合共育人才的保障。

4. 共同建设融入企业元素的课程资源

专业核心课程内容融入企业元素。在扎实专业技术平台课程的基础上,紧贴行业工程实践需求更新教学内容,将企业的新技术、新发展、新要求、新规范能及时进人才培养方案、进课堂、进教材,构建出了课程结构和内容体系。实现课堂与工作任务相结合,按项目规程逐步进行,使教学过程与社会实践保持同步进行,突出了工学结合的特点。

双方联合进行教育资料的定制开发。建成"对日软件开发过程及项目管理""语言编程能力强化与深化"等 10 门优质课程资源,包括课程标准、教学整体设计、教学大纲、单元设计、教学参考资料等。双方课程共建情况见表3-9。

表 3-9　双方课程共建概览

课程序号	课程名称	课程性质	学时	学分	备　注
1	外包日语	校企共建	128	8	
2	Web 应用开发	校企共建	72	4.5	
3	编程能力强化与深化	校企共建	120	7.5	
4	测试技法	校企共建	72	4.5	
5	外包软件过程及项目管理	校企共建	48	3	
6	Web 应用开发综合项目实训	校企共建	96	4	
7	外包企业文化及职业素养	校企共建	80	5	
8	外包流程与规范	校企共建	48	3	
9	生产性项目演习开发	校企共建	120	5	
10	企业外包业务领域知识	企业专有	48	2	在所顶岗实习企业学习相应企业所从事的外包业务领域知识
11	企业外包技术专题讲座	企业专有	12 次		
12	企业顶岗实习	企业专有	432	18	

其中,企业工程师开设并承担的技术讲座如表 3-10 所示。

表 3-10　企业工程师技术讲座摘录

编号	课　程	完成课时	备注
讲座 1	《富士通岗位技能说明讲座》	3	
讲座 2	《富士通开发内容关联讲座》	3	
讲座 3	《南工院毕业学生在富士通的成长经历》	3	
资料 1	工作日语素材	3	
资料 2	工具安装(Eclipse,mysql 等)web 编程	3	双方讨论评估

续表 3-10

编号	课　　程	完成课时	备注
讲座 4	《Java 开发编程　初级篇》	3	
讲座 5	《Android 手机开发学习与实训》	3	
讲座 6	《Selenium CT 自动化测试》	3	
讲座 7	《浅谈 Flex 与 ActionScript 开发》	3	

第四章 融入企业要素的教学规范

专业人才培养规范是软件外包服务专业方向的教学与建设的规范性指导文件,既是本专业今后教学过程各环节应遵循的基本要求、条件与标准,也是专业建设的纲领性文件。规范的制定是在实践的基础上不断完善,坚持以职业生涯发展为目标明确专业定位,以预设能力目标为依据确定课程设置,以典型工作任务为主线组织课程内容,以典型软件服务外包业务活动为载体设计教学活动,以新的教学模式为要求的设计理念,从培养目标、职业范围、人才规格、课程结构、课程内容、教学安排、教学条件、教学实施要求等方面对专业教学等制定出了详细的规范和标准,标准制定过程中充分吸收富士通南大的企业元素。

4.1 专业人才培养规范 <<<<<

4.1.1 培养目标

表 4-1 专业人才的培养目标

专业名称	软件技术——软件服务外包专业方向
入学要求	高中毕业参加全国高等院校统一考试或省、院级单独考试录取
学习年限	三年
培养目标	本专业培养德、智、体全面发展,综合素质优良,牢固掌握必需的科学文化基础知识,具有良好的职业素质、实践能力和创新创业意识;掌握软件外包服务专业知识与技能,掌握软件开发、软件测试、数据库应用、开发规范及品质管理等应用技术,具备一定的软件需求分析和系统设计能力,能按照软件工程规范熟练地完成程序编制等任务,熟练一门外语或日语水平达到 N5 级以上且深谙日本软件开发企业文化,能够从事一门外语软件开发环境或全日文软件

续表 4-1

	开发环境下进行软件设计、编码、测试、维护及计算机软件销售、咨询与技术支持等工作,有可持续发展能力的高素质技术技能人才
人才规格	1. 具有较好的自然科学、人文和社会科学基础及正确的语言文字的表达能力; 2. 掌握基本的日语应用知识; 3. 掌握必备的计算机应用与维护能力; 4. 掌握以面向对象程序设计、数据结构、数据库管理与应用、静态网页设计、软件测试为基础的软件技术方面的基础理论及基本实践技能; 5. 掌握软件外包服务专业的相关专业知识及岗位技能,了解该专业的技术前沿与发展趋势; 6. 具有较强的自学能力、创新意识和较高的综合素质; 7. 具有良好的职业道德,能严格遵守行业相关法律法规; 8. 具有良好的人际交流能力、团队合作精神和客户服务意识; 9. 具有本职业领域范围内必需的通用及工作岗位所需的专项技能证书。 　(1) 基础能力:英语应用能力证书、计算机应用能力证书、职场交流与沟通单项技能证书; 　(2) 职业技术领域通用技能:劳动和社会保障部职业技能鉴定中心认证的程序员; 　(3) 专业岗位技能:全国服务外包职业能力考试中心的软件开发工程师(JAVA); 　(4) 高级别的职业资格证书:工信部的软件设计师(中级)。

4.1.2　教学安排

表 4-2　教学安排表

学年	第一学年		第二学年		第三学年	
学期	第一学期	第二学期	第三学期	第四学期	第五学期	第六学期
周数	17	19	19	19	19	16
课程名称	＊高职英语(一) ＊职场交流与沟通 ＊心理健康 ＊职业观与职业生涯规划	＊高职英语(二) ＊思想道德修养与法律基础 ＊技术物理 ＊高等数学 ＊体育	＊思想政治理论课之概论 ＊体育 面向对象程序设计 数据结构 数据库管理	＊思想政治理论课之概论 ＊体育 Web应用开发 编程能力强化与深化(4	外包日语 外包软件过程及项目管理 外包企业文化及职业素养 外包行业标	

续表 4-2

学年	第一学年		第二学年		第三学年	
学期	第一学期	第二学期	第三学期	第四学期	第五学期	第六学期
周数	17	19	19	19	19	16
课程名称	＊高等数学 ＊体育 专业导论 程序设计基础 计算机网络基础	HTML与网页设计 软件测试基础 高级语言程序设计 静态网站设计(2周) 日企文化及职业素养(4/学期)	与应用 日企文化及职业素养(4/学期)	周) 测试技法 外包日语 外包企业文化及职业素养	准与流程规范 企业外包业务领域知识 企业外包技术专题讲座	
综合实训与实习	＊军事理论与军事训练(3周)	小型管理系统设计实训(3周)	C/S架构企业管理软件设计实训(4周)	Web应用开发综合项目实训(4周)	生产性项目演习开发(5周)	顶岗实习与毕业项目(15周)

4.1.3 教学条件

1. 师资条件

（1）具备教师资格证书及双师素质的一支师资队伍，并有较强技术服务能力和教学设计能力的专业带头人；

（2）校内外专兼职教师比例达1:1，企业工程师9人，校内专任教师9人。具体师资条件基本要求见表4-3。

表 4-3　师资条件基本要求表

学历与职称	企业经历	专业背景	核心能力	企业兼职教师
研究生70% 副教授3名 高级工程师2名	企业工作5年以上50% 双师达到90%	软件技术 软件测试	软件开发 软件测试	企业工作5年以上；兼职教师比例50%以上

2. 实验实训条件

表 4-4 实验实训条件基本要求表

序号	课程名称	软、硬件配置要求	设备名称	数量	基本配置
1	小型管理系统设计实训	Windows、Java JDK 7、Eclipse IDE、MySQL 数据库	台式机	50 台	50 人
2	C/S 架构企业管理软件设计实训	Windows、Java JDK 7、MySQL 数据库、Dreamweaver、Tomcat 6. x	台式机	50 台	50 人
3	Web 应用开发综合项目实训	Windows、Java JDK 7、Eclipse IDE、MySQL 数据库、Dreamweaver、Tomcat 6. x、SVN 版本控制工具	台式机	50 台	50 人
4	生产性项目演习开发	Windows、Java JDK 7、Eclipse IDE、MySQL 数据库、Dreamweaver、Tomcat 6. x、SVN 版本控制工具、Bug 管理工具	台式机	50 台	50 人

3. 实习基地

表 4-5 实训基地基本要求表

序号	基地名称	依托单位
1	富士通人才基地	南京富士通南大软件技术有限公司
2	北京量子伟业时代信息技术有限公司—产学合作实训基地	北京量子伟业时代信息技术有限公司
3	南京富士康软件有限公司—产学合作实训基地	南京富士康软件有限公司
4	苏宁易购物流有限公司—产学合作实训基地	苏宁易购物流有限公司
5	南京宝林软件有限公司—产学合作实训基地	南京宝林软件有限公司
6	南京乐天堂科技有限公司—产学合作实训基地	南京乐天堂科技有限公司
7	南京麦唯易科贸易有限公司—产学合作实训基地	南京麦唯易科贸易有限公司

4.2 校企共建课程标准 <<<<<

本书节选本专业的 7 门校企共建核心课程的课程标准。选取的这 7 门课程体现了校企双元主体共建课程、共同进行课程开发。

4.2.1 "外包日语"课程标准

1. 版本控制记录

表 4-6 "外包日语"版本记录表

版本	日期	修改内容	校内教师	企业工程师	审核人
V1.0	2008-5-24	创建课程标准			
V1.1	2011-8-21	按学院标准修改课程标准			
V1.2	2012-10-17	修订 IT 新技术的内容			
V1.3	2013-2-27	修订外包相关的内容			

2. 课程定位

本课程是南工院—富士通南大软件外包人才培养课程体系中的专业基础课程，从日语语音入手，讲述文字、词汇、语法、句型、功能意念等各方面的基础知识，并通过实例与会话让学生逐步掌握语言的运用规则和技巧，提高语言交际能力，掌握基础词汇，培养语言的运用能力。

3. 课程目标

（1）知识目标

掌握扎实的日语基础知识，完成标准日语初级的日语学习后，达到日语能力测试 N4 级水平。

（2）能力目标

在熟悉的语境下进行会话；能阅读和书写简单的句子和文章，熟练进行办公室常用会话、正确书写 QA 票等文档、收发邮件、看懂日文式样书、了解软件外包的发展。

（3）素质目标

学会利用工具进行自主学习。

4. 课程内容及要求

每周 4 课时，第四学期开课，第五学期结课，共开设二学期。课程教学模块划分见表 4-7。

表 4-7　课程教学模块划分

序号	教学单元名称	学时
1	入门单元	20
2	小李赴日	16
3	小李的公司生活（一）	20
4	小李在箱根	16
5	小李的公司生活（二）	20
6	小李在日本迎新春	16
7	再见，日本	16
8	4 级能力测试训练	4
合　计		128

5. 教学资源要求

（1）教材选取原则

综合多方因素，选取适合高职院校计算机软件专业学生使用，以情境为编排方式，难度适中的教材。

（2）推荐教材

南工院—富士通南大软件外包人才培养课程的校本教材。

（3）实验教材

南工院—富士通南大软件外包人才培养课程的练习讲义。

（4）学习参考资源

①《新版标准日本语初级上下》，人民教育出版社。

②《みんなの日本語》,外语教学与研究出版社。

③《日语表达方式辨析》,王宏编著。

(5) 教学环境资源要求

① 计算机硬件要求:Windows 2000 及以上,CPU 主频＞2 GHz,内存容量≥512 MB。

② 其他要求:扩音器,投影仪等。

6. 考核与成绩评定

本课程采用笔试加口语的考核方式,着重考核学生的语言应用的能力。

$$总成绩＝学习过程评价(40\%)＋期末考核评价(60\%)$$

7. 教学实施建议

教学场所:学校。

教学项目:富士通第一事业部的日文式样书。

授课教师:富士通南大教育担当 1 人 20 学时;校内教师 1 人 108 学时。

学生学习方式:组成小组,相互监督、考核,小组发表等。

4.2.2　"Web 应用开发"课程标准

1. 版本控制记录

表 4-8　《Web 应用开发》版本记录表

版本	日期	修改内容	校内教师	企业工程师	审核人
V1.0	2008-5-22	创建课程标准			
V1.1	2011-1-21	按学院标准修改课程标准			
V1.2	2013-3-30	增加 Servlet 3.0 的新内容			
V1.3	2013-3-30	增加 H5 及前台的新内容			

2. 课程定位

Web 应用开发是基于 SUN 公司的 Java 平台下的动态网站设计技术,本课

程是南工院—富士通南大软件外包人才培养课程体系中的专业核心课程,通过学习 Web 应用开发技术,学生能够独立设计技术基于浏览器/服务器模式的 B/S 架构的网站系统。

3. 课程目标

通过本门课程的学习,使学生知道 Web 应用开发的一些基本概念、基本理论和方法,能够运用 Java Web 应用开发的技术方法、思维方式结合具体情况进行 Java Web 应用开发实践,使学生达到理论联系实际、活学活用的基本目标,提高其实际应用技能,并使学生养成善于观察、独立思考的习惯,同时通过教学过程中的实际技术过程的规范要求增强学生的职业道德意识和职业素质养成意识。

(1) 知识与技能目标

通过学习,学生能够学会应用 Eclipse 平台和 MySQL 数据库设计技术一个典型的基于 MVC 模式的电子商务系统。

- ◆ 学会具体的应用软件设计的需求分析,概要设计和详细设计方法;
- ◆ 学会搭建典型的在线考试系统软件框架的方法;
- ◆ 学会通用的数据库访问模块设计方法;
- ◆ 学会通用的数据显示模块设计方法;
- ◆ 学会通用的用户登录与用户管理模块设计方法;
- ◆ 依靠自主学习,学会应用通用模块设计典型的电子商务系统。

(2) 职业能力目标

- ◆ 独立完成岗位工作的调试能力;
- ◆ 通过自学获取新知识和新技术的能力;
- ◆ 不断总结、提升质量以满足岗位需求的能力;
- ◆ 信息获取、加工与处理利用能力。

(3) 职业素质目标

- ◆ 人际交往和协商沟通能力;
- ◆ 工作中与他人的团队合作能力;
- ◆ 良好的职业道德和规范、安全、环保、成本、质量意识;
- ◆ 良好的心理素质和克服困难与挫折的能力。

4. 课程内容及要求

本课程教学项目的设计以技术一个典型的电子商城系统为载体,内容包括 8 个教学项目:开发环境的搭建、电子商城系统的总体设计、电子商城的数据库设计、电子商城系统注册、登录和验证模块的设计、购物车管理模块的设计、订单管理模块的设计、商品管理模块的设计和访问统计模块的设计。教学时,按照从前到后的顺序,对子任务逐步展开实现即可。课程教学模块划分见表 4-9。

表 4-9 课程教学模块划分

序号	教学项目（单元能力）	模块学习内容（单项能力）	工作任务的内容设计	参考课时	预设能力目标
1	开发环境的搭建和使用	1. JDK的下载、安装和配置 2. Tomcat的下载、安装和配置 3. JSP 开发工具 Eclipse下载、安装和配置 4. 创建第 1 个 JSP 程序	任务 1：JDK、Tomcat 的下载、安装和配置 任务 2：Eclipse 的下载、安装和配置 任务 3：简介 tomcat 运行机制 任务 4：最简单 JSP 代码的编写、运行	4	1. 学会 Java Web 的环境配置 2. 熟悉 Java Web 应用的目录结构 3. 了解简单的 JSP 程序的开发过程
2	Easy_One 电子商城系统设计	1. 系统的功能概述 2. 系统的功能模块设计 3. 数据库设计 4. 系统的详细设计	任务 1：了解整个电子商城的前、后台系统功能 任务 2：系统的功能模块设计 任务 3：系统的数据库设计 任务 4：系统的详细设计	4	1. 学会使用用例图描述系统的流程 2. 掌握系统的功能设计 3. 掌握系统的数据库设计 4. 掌握系统的详细设计

续表 4-9

序号	教学项目（单元能力）	模块学习内容（单项能力）	工作任务的内容设计	参考课时	预设能力目标
3	电子商城的首页设计	1. JSP 脚本元素和注释 2. JSP 指令元素 3. JSP 动作元素	任务 1：JSP 注释 任务 2：JSP 脚本元素 任务 3：JSP 指令元素 任务 4：JSP 动作元素	8	1. 掌握 JSP 的脚本语言 2. 熟悉 JSP 的三种指令元素和常用属性的赋值 3. 熟悉 JSP 常用动作元素的应用
4	电子商城的用户登录功能的设计	1. JSP 内置对象的基本概念 2. out 对象及其应用 3. request 对象及其应用 4. response 对象及其应用 5. session 对象及其应用 6. session 及典型案例 7. application 对象及其应用 8. Web 应用中的会话与会话状态 9. Cookie 10. 会话跟踪机制	任务 1：JSP 内置对象的基本概念 任务 2：out 对象的方法及应用 任务 3：request 对象的方法及应用 任务 4：response 对象的方法及应用 任务 5：Session 的概念及跟踪机制 任务 6：session 对象的方法及应用 任务 7：Session 的典型应用 任务 8：application 对象的方法及应用 任务 9：其他对象的概念及应用 任务 10：会话与会话状态的概念及实现 任务 11：Cookie 的概念及实例 任务 12：会话跟踪及实现机制	16	1. 理解 Web 应用中会话的概念 2. 掌握 Cookie 和 session 的概念及典型应用 3. 掌握会话跟踪的技术 4. 学会 JSP 常用内置对象的常用方法的应用 5. 学会使用 JSP 常用对象进行典型模块的开发

续表 4-9

序号	教学项目（单元能力）	模块学习内容（单项能力）	工作任务的内容设计	参考课时	预设能力目标
5	电子商城的商品添加、展示功能的设计	1. JDBC 的基本概念 2. 数据库连接 3. 数据库访问 4. 分页功能的实现 5. JDBC 数据源配置	任务 1：认识 JDBC 任务 2：JDBC 驱动简介 任务 3：不同数据库的连接方法 任务 4：JDBC 常用接口介绍 任务 5：对数据库的增、删、改、查的访问 任务 6：JSP 的分页功能的实现 任务 7：JDBC 数据源的配置	8	1. 学会各种常用数据库连接的方法 2. 学会对数据库数据的访问 3. 学会典型的分页功能的实现方法 4. 掌握 JDBC 数据源的配置
6	电子商城的购物车功能的设计	1. JavaBean 的概念 2. JavaBean 的编写 3. JavaBean 的使用 4. JavaBean 与表单交互 5. DAO 设计模式简介 6. JavaBean 的典型应用	任务 1：什么是 JavaBean 任务 2：如何编写 JavaBean 任务 3：在 JSP 中应用 JavaBean 任务 4：DAO 设计模式的应用 任务 5：JavaBean 的典型应用	8	1. 理解 JavaBean 的概念 2. 学会 JavaBean 的编写 3. 学会使用 JSP 动作元素访问 JavaBean 4. 熟悉 JavaBean 的典型应用的实现方法 5. 理解 DAO 设计模式的应用
7	电子商城的访问计数器功能的设计	1. Servlet 的概念 2. Servlet 的生命周期 3. Servlet 的编写、配置和调用 4. MVC 设计模式简介 5. Servlet 的典型应用	任务 1：Servlet 的基本概念 任务 2：Serlvet 的生命周期 任务 3：如何编写、配置和调用 Servlet 任务 4：MVC 设计模式的应用 任务 5：Servlet 的典型应用	12	1. 学会 Servlet 的编写、配置 2. 学会 Servlet 的调用 3. 熟悉 Servlet 的典型应用的实现方法

续表 4-9

序号	教学项目（单元能力）	模块学习内容（单项能力）	工作任务的内容设计	参考课时	预设能力目标
8	电子商城的订单处理、销量统计功能的设计	1. 文件的上传下载 2. 发送邮件 3. 图形处理 4. 数据统计	任务1：JSP 的 Smart Upload 的常用类 任务2：用 SmartUpload 实现文件上传下载 任务3：JavaMail 的概念及常用类 任务4：JavaMail 发送邮件 任务5：验证码的原理及实现 任务6：进度条的实现 任务7：JFreeChart 的概述及核心类库 任务8：圆饼图和柱状图的实现	12	1. 学会使用 jsp SmartUpload 进行文件的上传和下载的编写 2. 学会使用 JavaMail 发送邮件的编写 3. 学会使用验证码和进度条 4. 学会使用 JFreeChart 编写圆饼图、柱状图的程序编写
总　计				72	

5. 教学资源要求

（1）教材选取原则

综合多方因素，选取适合高职院校计算机软件专业学生使用，以情境为编排方式，难度适中的教材。

（2）推荐教材

南工院—富士通南大软件外包人才培养课程的校本教材。

（3）实验教材

南工院—富士通南大软件外包人才培养课程的项目试验讲义。

（4）学习参考资源

①《JSP 程序设计案例教程》，刘志成编著，高等教育出版社，2013。

②《Servlet 与 JSP 核心编程（卷1）》，Marty Hall 著，清华大学出版

社,2009。

③ http://jsp.java.net/。

（5）教学环境资源要求

① 计算机硬件要求：Windows 2000 及以上，CPU 主频＞2 GHz，内存容量≥512 MB。

② 软件要求：JDK 1.6 以上、Eclipse 3.3 以上、Tomcat 6.0 以上。

③ 其他要求：扩音器,投影仪等。

6. 考核与成绩评定

本课程采用笔试加项目的考核方式,着重考核学生的动手能力和解决实际问题的能力。

总成绩＝学习过程评价（20％）＋项目实训评价（40％）＋期末考核评价（40％）

7. 教学实施建议

教学场所:学校。

教学项目:富士通第一事业部 CMS 项目的权限管理、版本管理和标定管理等模块,代码量 10K。

授课教师:富士通南大项目组成员 1 人 12 学时;项目经理 6 学时;校内教师 1 人 54 学时。

学生学习方式:组成项目小组,组长为项目经理,跟踪项目进度及产物。

4.2.3 "编程能力强化与深化"课程标准

1. 版本控制记录

表 4-10 "编程能力强化与深化"版本记录表

版本	日期	修改内容	校内教师	企业工程师	审核人
V1.0	2008-5-24	创建课程标准			
V1.1	2011-8-21	按学院标准修改课程标准			
V1.2	2014-8-17	增加版本变化的新内容			

2. 课程定位

本课程是南工院—富士通南大软件外包人才培养课程体系中的专业核心课程,对于学生掌握软件外包服务项目的软件开发岗位应具备的 Java Web、Struts、Ajax 等专业技术能力的培养至关重要。通过学习目前主流的软件框架技术,进一步强化和深化学生的编程能力,使学生具备良好的程序设计、编写、代码规范等基本职业能力,培养学生初步具备专业开发过程的基本职业能力,培养对软件结构进行分析、设计能力。

3. 课程目标

通过本门课程的学习,使学生掌握 Struts 和 Hibernate 框架技术的基本概念和应用方法,能够运用 Struts 和 Hibernate 框架技术的技术方法、思维方式结合具体情况进行程序设计实践,使学生达到活学活用的基本目标,使学生养成独立思考的习惯,同时通过教学过程的实际开发过程的规范要求,强化学生的职业道德意识和职业素质养成意识。

(1) 知识与技能目标

通过学习,学生能够学会应用 Struts＋Hibernate 框架技术开发一个 OA 办公系统项目。

◆ 阅读、分析、调试程序代码的能力;

◆ 根据项目需求进行类设计的能力;

◆ 理清类之间的关系,进行类的继承关系、多态性设计的能力;

◆ 根据项目要求进行简单的算法设计的能力;

◆ 面向对象的程序设计能力。

(2) 职业能力目标

◆ 独立完成岗位工作的调试能力;

◆ 通过自学获取新知识和新技术的能力;

◆ 不断总结、提升质量以满足岗位需求的能力;

◆ 信息获取、加工与处理利用能力;

◆ 语言表达、文档编写能力。

(3) 职业素质目标

◆ 人际交往和协商沟通能力;

◆ 工作中与他人的团队合作能力；

◆ 良好的职业道德和规范、安全、环保、成本、质量意识；

◆ 良好的心理素质和克服困难与挫折的能力。

4. 课程内容及要求

本课程教学内容被设计为 12 个教学项目，每个项目包含若干个教学任务，每个任务又分为若干个子任务，教学时，按照从前到后的顺序，对子任务逐步展开实现即可。课程教学模块划分见表 4-11。

表 4-11　课程教学模块划分

序号	教学项目（单元能力）	模块学习内容（单项能力）	工作任务的内容设计	参考课时	预设能力目标
1	Struts 框架基本思想	1. Struts2 框架的 MVC 实现 2. Struts2 配置和组件介绍	任务 1：理解主流的框架模型 任务 2：运行第一个实例 任务 3：编写 web 配置文件 任务 4：锻炼编写文档的能力	4	1. 掌握 Struts2 框架的 MVC 实现 2. 学会 Struts2 配置和组件
2	Action 组件	1. Action 中资源访问 2. 组件映射 3. Action 的组织	任务 1：Struts 开发环境的搭建 任务 2：掌握 action 访问请求信息的三种方法 任务 3：掌握 action 访问上下文信息的三种方法 任务 4：学会配置 action 组件 任务 5：注册模块编写 任务 6：商品管理模块编写 任务 7：到官方网站查阅资料	8	1. 学会 Struts 的开发环境的搭建 2. 学会 Struts 配置文件的编写 3. 学会 Struts 的 action 请求处理过程

续表 4-11

序号	教学项目（单元能力）	模块学习内容（单项能力）	工作任务的内容设计	参考课时	预设能力目标
3	Struts 拦截器	1. 拦截器的原理和使用 2. 拦截器的监听和自定义	任务1：掌握内置拦截器的使用 任务2：掌握自定义拦截器的编写和配置使用 任务3：编写登录拦截器 任务4：撰写文档	10	1. 了解 Struts 的基本体系结构中拦截器的功能 2. 掌握 Struts 自带常用拦截器的使用 3. 掌握自定义拦截器的编写和配置使用
4	结果视图	1. 结果视图 2. ognl 表达式 3. Struts 标记库	任务1：掌握结果视图的类型和转发原理 任务2：理解如何编写自定义视图 任务3：掌握 Struts 标记库德常用标记 任务4：学会使用 ognl 表达式 任务5：为登录注册模块添加验证码功能 任务6：编写购物车模块	10	1. 理解结果视图在 Struts 框架中的作用 2. 理解结果视图的各种类型及转发机制 3. 了解常用结果视图组件 4. 编写自定义结果类型并使用 5. Struts 标记库和 ognl 表达式在结果视图中的使用
5	Struts 输入校验和类型转换	1. 内置校验器 2. Struts 类型转换	任务1：掌握内置效验器的使用 任务2：为注册模块添加效验器 任务3：理解 Struts 类型转换的机制 任务4：学会类型转换的实现（多地址管理）	8	1. 学会使用常用的内置效验器 2. 理解配置文件的含义 3. 自动类型转换和自定义类型转换

续表 4-11

序号	教学项目（单元能力）	模块学习内容（单项能力）	工作任务的内容设计	参考课时	预设能力目标
6	Struts 高级特性	1. Struts 高级特性 2. 国际化 3. 常用组件使用	任务 1：了解 Struts 异常处理的机制 任务 2：学会编写国际化配置文件 任务 3：完成商品分页代码编写	8	1. 理解 Struts 内置的类型转换功能 2. 了解 Struts 框架的异常处理机制 3. 学会编写国际化的资源配置文件 4. 常用组件的配置使用
7	持久层设计基础	1. 持久层设计与 ORM 2. Hibernate 环境搭建 3. 运行第一个 Hibernate 程序	任务 1：使用 DAO 模式进行持久层设计 任务 2：对代码进行解耦合设计 任务 3：了解主流的持久层框架模型 任务 4：锻炼编写文档的能力 任务 5：Hibernate 开发环境的搭建 任务 6：使用 MiddleGen 工具产生基础数据库代码 任务 7：Hibernate 配置文件的编写 任务 8：学会 Hibernate 的编写步骤 任务 9：使用 JUnit 写测试用例 任务 10：使用 log4j 进行日志管理 任务 11：编写日志配置文件	8	1. 学会使用 DAO 模式进行持久层设计 2. 学会对代码进行解耦合设计 3. 了解主流的持久层框架模型 4. 锻炼学生编写文档的能力 5. 学会 Hibernate 的开发环境的搭建 6. 学会使用 MiddleGen 工具产生基础数据库代码 7. 学会 Hibernate 配置文件的编写 8. 学会 Hibernate 的编写步骤 9. 学会使用 JUnit 写测试用例

续表 4-11

序号	教学项目（单元能力）	模块学习内容（单项能力）	工作任务的内容设计	参考课时	预设能力目标
			任务 12：到官方网站查阅资料		10. 学会使用 log4j 进行日志管理 11. 学会编写日志配置文件 12. 学会到官方网站查阅资料
8	Hibernate 基本核心接口	1. Hibernate 的基本组件 2. Configuration 接口和 SessionFactory 接口 3. Session 接口 4. Query 接口和事务管理	任务 1：了解 Hibernate 的基本体系结构 任务 2：掌握 Configuration 和 SessionFactory 接口及应用 任务 3：学会 Session 接口的使用 任务 4：完成商品添加功能 任务 5：完成商品修改功能 任务 6：完成商品删除功能 任务 7：理解 Query 和 Session 接口及其在 hibernate 编程中的作用 任务 8：理解 Hibernate 事务管理的概念 任务 9：完成商品查询功能	12	1. 了解 Hibernate 的基本体系结构 2. 掌握 Configuration 和 SessionFactory 接口及应用 3. 理解 Hibernate 事务管理的概念 4. 理解 Query 和 Session 接口及其在 hibernate 编程中的作用

续表 4-11

序号	教学项目（单元能力）	模块学习内容（单项能力）	工作任务的内容设计	参考课时	预设能力目标
9	Hibernate 的对象关系映射	1. 基本映射 2. 集合映射 3. 关联关系映射 4. 组件映射 5. 继承映射	任务1：编写 Hibernate 映射文件 任务2：编写 Hibernate 集合映射文件 任务3：编写 Hibernate 关联映射文件 任务4：编写 Hibernate 组件映射文件 任务5：编写 Hibernate 继承映射文件	12	1. 理解 Hibernate 映射文件并学会编写 Hibernate 映射文件 2. 理解 Hibernate 集合映射并学会编写 Hibernate 集合映射文件 3. 理解 Hibernate 关联映射并学会编写 Hibernate 关联映射文件 4. 理解 Hibernate 组件映射并学会编写 Hibernate 组件映射文件 5. 理解 Hibernate 继承映射并学会编写 Hibernate 继承映射文件
10	Hibernate 查询技术	1. HQL 查询语言 2. 条件查询和 NativeSQL 查询	任务1：创建数据及测试表格 任务2：完成针对3种情况下查询语句的编写，并运行通过	12	学会使用 HQL 查询、条件查询、NativeSQL 查询，熟练掌握 HQL

续表 4-11

序号	教学项目 (单元 能力)	模块学习内容 (单项能力)	工作任务的内容设计	参考 课时	预设能力目标
11	Hibernate 高级特性	1. Hibernate 分页 2. Hiber- nate 性能 优化	任务 1：完成商品查询 结果分页显示 代码编写 任务 2：完成进程范围 内缓存管理的 用例编写	12	1. 掌握分页查 询的 2 个主 要方法 2. 了解 Hiber- nate 缓存原 理,学会管理 一级和二级 缓存
12	Struts+ Hibernate 整合开发	1. Hibernate 和 Struts 集成	任务 1：完成一个基于 SH 的电子商 务系统	16	学会使用 SH 进 行 Web 开发
总　计				120	

5. 教学资源要求

(1) 教材选取原则

综合多方因素,选取适合高职院校计算机软件专业学生使用,以项目为编排方式,难度适中的教材。

(2) 推荐教材

南工院—富士通南大软件外包人才培养课程的校本教材。

(3) 实验教材

南工院—富士通南大软件外包人才培养课程的项目试验讲义。

(4) 学习参考资源

①《深入浅出 Struts2》,Budi Kuniawan 著,人民邮电出版社,2009。

②《Hibernate 逍遥游记》,孙卫琴编著,电子工业出版社,2010。

③ Struts2 官方网站:http://struts.apache.org/。

④ Hibernate 官方网站:http://hibernate.org/。

(5) 教学环境资源要求

① 计算机硬件要求:Windows 2000 及以上,CPU 主频＞2 GHz,内存容

量≥512 MB。

②　软件要求：JDK 1.6 以上、Eclipse 3.3 以上、Tomcat 6.0 以上。

③　其他要求：扩音器，投影仪等。

6. 考核与成绩评定

本课程采用笔试加项目的考核方式，着重考核学生的动手能力和解决实际问题的能力。

总成绩＝学习过程评价(20％)＋项目实训评价(40％)＋期末考核评价(40％)

7. 教学实施建议

教学场所：学校。

教学项目：富士通第一事业部 SPIF 部分模块，代码量 8K。

授课教师：富士通南大项目组工程师 1 人 30 学时；项目经理 6 学时；校内教师 1 人 84 学时。

学生学习方式：组成项目小组，组长为项目经理，按照项目管理流程进行。

4.2.4　"测试技法"课程标准

1. 版本控制记录

表 4-12　"测试技法"版本记录表

版本	日期	修改内容	校内教师	企业工程师	审核人
V1.0	2008-5-20	创建课程标准			
V1.1	2011-8-19	增加要因测试法实际项目案例			
V1.2	2012-8-15	增加自动化测试 SPIF 案例			

2. 课程定位

本课程是南工院—富士通南大软件外包人才培养课程体系中的专业核心课程，是针对软件测试员/程序员岗位的任职要求所设置的具有综合性质的课程，主要任务是通过对软件测试基础理论、技术方法、流程管理和使用

自动化工具实施项目测试的学习,使学生了解完整的软件测试的工作过程,能对完整的项目进行测试的实施工作,从而实现与测试技能要求的无缝连接。

3. 课程目标

培养软件测试员的岗位能力所需的技能:掌握软件测试知识,能够完成测试用例设计和测试代码编写。能够针对实际情况采用合适的测试策略及测试方法,设计相应的测试用例和编写测试代码,承担软件开发企业中程序代码编写和测试的工作任务。同时培养吃苦耐劳、爱岗敬业、团队协作的职业精神和诚信、善于沟通与合作的良好品质,为发展职业能力奠定良好的基础。

(1) 知识与技能目标

通过学习,学生能够学会应用 Struts ＋Hibernate 框架技术开发一个 OA 办公系统项目。

- ◆ 了解 CMMI;
- ◆ 理解软件测试基本理论;
- ◆ 理解软件测试基本过程;
- ◆ 理解评审的基本过程和方法;
- ◆ 能够熟练应用白盒、黑盒测试方法进行各种测试用例的设计;
- ◆ 掌握基本的缺陷管理工具的使用;
- ◆ 能够编写测试计划、测试报告;
- ◆ 能够使用自动化测试工具进行简单的测试,进行结果的分析。

(2) 职业能力目标

- ◆ 独立完成岗位工作的调试能力;
- ◆ 通过自学获取新知识和新技术的能力;
- ◆ 不断总结、提升质量以满足岗位需求的能力;
- ◆ 信息获取、加工与处理利用能力;
- ◆ 语言表达、文档编写能力。

(3) 职业素质目标

- ◆ 人际交往和协商沟通能力;

◆ 工作中与他人的团队合作能力；

◆ 良好的职业道德和规范、安全、环保、成本、质量意识；

◆ 良好的心理素质和克服困难与挫折的能力。

4. 课程内容及要求

本课程采用基于软件测试工作过程的教学模式，并根据软件测试员、软件测评师等职业岗位要求，将本课程的教学内容分解为 5 个单元，共 80 学时。课程教学模块划分见表 4-13。

表 4-13　课程教学模块划分

序号	教学项目（单元能力）	模块学习内容（单项能力）	工作任务的内容设计	参考课时	预设能力目标
1	软件质量保证	M1.1　软件质量保证 M1.2　CMM/CMMI M1.3　软件质量铁三角	任务 1：正确理解和认识软件质量的概念及质量保证体系	4	1. 软件质量的定义、软件质量模型、SQA、QA、QC 2. CMM/CMMI 的五个级别 3. 软件质量铁三角的内容和关系
2	软件测试原理	M2.1　软件测试目的、原则、分类 M2.2　软件测试的对象，衡量标准，手段 M2.3　软件测试的过程模型 M2.4＊软件测试工程师的素质要求	任务 1：理解软件测试的分类、原则、策略和流程 任务 2：理解软件工程和软件测试的联系及软件测试模型	4	1. 软件测试的背景，软件缺陷和软件测试，软件测试与软件项目的关系，软件测试目的、原则、分类 2. V 模型、W 模型、X 模型、H 模型

续表 4-13

序号	教学项目（单元能力）	模块学习内容（单项能力）	工作任务的内容设计	参考课时	预设能力目标
3	软件测试技术	M3.1 黑盒技术 M3.1.1 等价类 M3.1.2 边界值 M3.1.3 决策表 M3.1.4 要因分析法 M3.1.5＊ 因果图 M3.1.6 综合应用 M3.2 白盒技术 M3.2.1 逻辑覆盖 M3.2.2 基路径 M3.3.3 综合案例分析	任务1：掌握等价类测试技术 任务2：掌握边界值测试技术 任务3：掌握决策表测试技术 任务4：掌握要因分析法 任务5＊：因果图法 任务6：综合利用黑盒测试方法 任务7：掌握白盒测试技术：逻辑覆盖 任务8：掌握白盒测试技术：基路径 任务9：综合案例分析	20	1. 等价类划分、等价类组合 2. 边界值选取及组合 3. 决策表设计 4. 要因选取、要因表设计、要因组合 5. 因果图的基本符号，因果图设计，因果图适用场合 6. 综合策略 7. 语句覆盖、条件覆盖、判定覆盖、条件判定覆盖、条件组合覆盖、修正的条件判定覆盖 8. 环复杂度、独立路径、基路径测试一般步骤 9. 综合考虑使用各白盒测试方法对给出的程序代码段进行测试

续表 4-13

序号	教学项目（单元能力）	模块学习内容（单项能力）	工作任务的内容设计	参考课时	预设能力目标
4	测试管理	M4.1 测试阶段 M4.1.1 单元测试、XUnit M4.1.2 集成测试 M4.1.3 系统测试 M4.2 测试用例管理 M4.3 测试缺陷管理 M4.3.1 缺陷的特点、属性 M4.3.2 缺陷的跟踪管理 M4.3.3 缺陷管理工具，缺陷统计分析	任务 1-1：使用 JUnit 测试简单 Java 程序 任务 1-2：使用 JUnit 测试自动售货机 任务 2：理解软件测试阶段：单元测试、集成测试、系统测试 任务 3：理解测试用例管理的基本要求、方法 任务 4：理解缺陷的基本属性，缺陷的处理流程 任务 5：掌握常用的缺陷管理工具，了解缺陷的统计分析	16	1. 写测试方法断言期望的结果，运行测试单元的划分、单元测试概念、集成测试概念和策略、系统测试内容 2. 测试用例中应包含哪些必要信息，如何划分测试用例的优先级，有哪些形式的测试用例模板，测试用例设计和管理的一般步骤 3. 缺陷具有哪些重要的属性，是否所有缺陷都能得到修复，缺陷的一般处理流程是怎样的，如何有效报告缺陷，缺陷管理中的角色和权限 4. Bugfree 5. 缺陷的打开/关闭曲线 6. 缺陷分布图 7. 缺陷发现率

续表 4-13

序号	教学项目（单元能力）	模块学习内容（单项能力）	工作任务的内容设计	参考课时	预设能力目标
5	自动化测试	M5.1 自动化测试流程 M5.2 自动化测试原理 M5.3 脚本录制、回放 M5.4 对象库 M5.5 检查点 M5.6 数据驱动 M5.7 功能对象 M5.8＊ VBScript M5.9＊ 描述性编程 M5.10＊ 恢复场景	任务 1：了解自动化测试的流程、基本原理，掌握脚本的录制、运行、结果查看方法 任务 2：掌握对象库的基本操作，检查点的使用方法 任务 3：掌握数据驱动测试 任务 4：掌握常见功能对象的使用方法 任务 5：掌握 VBScript 任务 6：掌握描述性编程 任务 7＊：掌握恢复场景的方法	36	1. 自动化测试的流程、基本原理，自动化测试用例 2. QTP 的基本操作：脚本的录制、运行、结果查看方法，相关设置 3. 对象库添加、编辑、合并 4. 基本检查的添加和脚本 5. 数据驱动测试 6. 常见功能对象 7. VBScript 基本语法及在 QTP 中的实践 8. 描述性编程基本用法 9. 恢复场景的基本用法
总　计				80	

5. 教学资源要求

（1）教材选取原则

教材选用时遵循"够用、实用"的原则，选取适合高职院校软件专业学生使用的，紧密结合实际、案例丰富、分析透彻的教材。

（2）推荐教材

南工院—富士通南大软件外包人才培养课程的校本教材。

（3）实验教材

南工院—富士通南大软件外包人才培养课程的项目试验讲义。

（4）学习参考资源

①《全程软件测试》,电子工业出版社,朱少民编著。

②《软件测试项目实战》,电子工业出版社,于艳华编著。

③《QTP 自动化测试实践》,电子工业出版社,陈能技,等著。

④ 51Testing 软件测试网:http://www.51testing.com。

⑤ 中国软件评测中心:http://www.cstc.org.cn。

（5）教学环境资源要求

① 计算机硬件要求:Windows 2000 及以上,CPU 主频＞2 GHz,内存容量≥512 MB。

② 软件要求:JDK 1.6 以上、Eclipse 3.3 以上、Tomcat 6.0 以上。

③ 其他要求:扩音器,投影仪等。

6. 考核与成绩评定

本课程采用笔试加项目的考核方式,着重考核学生的动手能力和解决实际问题的能力。

总成绩=学习过程评价(20％)+项目实训评价(40％)+期末考核评价(40％)

7. 教学实施建议

教学场所:学校。

教学项目:富士通第一事业部 SPIF 产品部分模块,代码量 10K。

授课教师:富士通南大测试经理 1 人 6 学时;测试工程师 1 人 14 学时;校内教师 1 人 60 学时。

学生学习方式:学生分为若干小组,每个项目小组成员指定组长,共同完成项目。

4.2.5 "外包软件过程及项目管理"课程标准

1. 版本控制记录

表 4-14 "外包软件过程及项目管理"版本记录表

版本	日期	修改内容	校内教师	企业工程师	审核人
V1.0	2008-5-24	创建课程标准			
V1.1	2011-8-21	增加 SVN 客户端 Tortoise SVN 的常见操作			
V1.2	2012-8-17	SPIF 升级到 8.0 版本			

2. 课程定位

本课程是高职计算机软件技术专业的一门专项能力课程,通过本课程学习,学生应了解软件项目开发的一般过程和 FNST(富士通南大软件有限公司)对日外包项目开发的具体过程,能规范撰写软件开发过程基本技术文档,学会使用常见配置管理软件,掌握 FNST(富士通南大软件有限公司)项目管理软件 SPIF 的使用方法,培养学生初步具备项目开发过程中需要的基本职业能力,并为后续专业课程的学习作前期准备。

3. 课程目标

通过本门课程的学习,使学生了解软件开发过程的基本概念,FNST(富士通南大软件有限公司)项目开发的具体过程,理解配置管理的基本概念,掌握 SPIF 在项目管理中的使用方法,使学生达到理论联系实际、活学活用的基本目标,提高其实际应用技能,并使学生养成善于观察、独立思考的习惯,同时通过教学过程中的实际开发过程的规范要求增强学生的职业道德意识和职业素质养成意识。

(1) 知识与技能目标

通过学习,学生能够规范撰写软件开发过程基本技术文档,在项目开发过程中正确使用配置管理软件和项目管理软件 SPIF。

◆ 了解标准的软件开发的基本概念;

◆ 了解 FNST 项目开发的具体过程；

◆ 理解配置管理的意义、基本概念和配置管理的一般过程；

◆ 掌握配置管理软件中的基本概念和操作；

◆ 掌握 SVN 客户端 Tortoise SVN 的常见操作；

◆ 掌握使用 SPIF 进行项目管理的过程。

（2）职业能力目标

◆ 独立完成岗位工作的调试能力；

◆ 通过自学获取新知识和新技术的能力；

◆ 不断总结、提升质量以满足岗位需求的能力；

◆ 信息获取、加工与处理利用能力；

◆ 语言表达、文档编写能力。

（3）职业素质目标

◆ 人际交往和协商沟通能力；

◆ 工作中与他人的团队合作能力；

◆ 良好的职业道德和规范、安全、环保、成本、质量意识；

◆ 良好的心理素质和克服困难与挫折的能力。

4. 课程内容及要求

为了实现教学任务，将此课程分成若干单元，一个单元由一次或几次课完成，通过一学期的学习和能力训练，使学生在以后的工作岗位中能够撰写软件开发文档，熟练使用配置软件和 SPIF 进行配置管理和项目管理。课程教学模块划分见表 4-15。

表 4-15　课程教学模块划分

序号	单元（或任务）名称	单元（或任务）方案描述	预设能力目标	教学资源	实施要点（教学方法/教学手段）
11	标准软件开发过程	1. 过程的概念 2. 开发过程的各个阶段	1. 了解过程的概念 2. 了解开发过程的各个阶段，以及需产生的作业文件	1. PPT 2. 学习指导 3. 练习 4. 实验指导	多媒体讲解、老师操作、学生模仿、独立练习

续表 4-15

序号	单元（或任务）名称	单元（或任务）方案描述	预设能力目标	教学资源	实施要点（教学方法/教学手段）
2	FNST 软件开发过程	1. FNST 开发过程的各个阶段 2. 共通工作	1. 了解 FNST 开发过程的各个阶段，以及需产生的作业文件 2. 了解共通工作的各个阶段，以及报告的编写	1. PPT 2. 学习指导 3. 练习 4. 实验指导	效果演示、多媒体讲解、老师操作、学生模仿、独立练习
3	配置管理	1. 配置管理的基本概念 2. 配置管理的基本工作 3. 配置管理的基本流程	1. 理解配置管理的基本概念 2. 了解配置管理的基本工作 3. 了解配置管理的基本流程	1. PPT 2. 学习指导 3. 练习 4. 实验指导	效果演示、多媒体讲解、老师操作、学生模仿、独立练习
4	配置管理软件	1. 配置软件的基本概念 2. 配置软件的基本操作	1. 理解配置软件的基本概念 2. 掌握配置软件的基本操作	1. PPT 2. 学习指导 3. 练习 4. 实验指导	效果演示、多媒体讲解、老师操作、学生模仿、独立练习
5	SPIF 的背景和主要功能	1. SPIF 的发展历程 2. SPIF 的基本理念 3. SPIF 的主要功能	1. 了解 SPIF 的背景 2. 了解 SPIF 的主要功能	1. PPT 2. 学习指导 3. 练习 4. 实验指导	效果演示、多媒体讲解、老师操作、学生模仿、独立练习
6	SPIF 的基本操作	1. SPIF 项目的建立 2. SPIF 项目的实施 3. SPIF 项目的结束	1. 掌握 SPIF 进行项目管理的操作	1. PPT 2. 学习指导 3. 练习 4. 实验指导	效果演示、多媒体讲解、老师操作、学生模仿、独立练习

5. 教学资源要求

（1）教材选取原则

综合多方因素，选取适合高职院校计算机软件专业学生使用，以项目为编排方式，难度适中的教材。

（2）推荐教材

南工院—富士通南大软件外包人才培养课程的校本教材。

（3）实验教材

南工院—富士通南大软件外包人才培养课程的项目试验讲义。

（4）学习参考资源

①《IT 项目管理》，郭宁，清华大学出版社，2009。

②《IT 项目管理：从理论到实践》，王如龙，清华大学出版社 2008。

（5）教学环境资源要求

① 计算机硬件要求：Windows 2000 及以上，CPU 主频＞2 GHz，内存容量≥512 MB。

② 软件要求：JDK 1.6 以上、Eclipse 3.3 以上、Tomcat 6.0 以上。

③ 其他要求：扩音器，投影仪等。

6. 考核与成绩评定

本课程采用笔试加项目的考核方式，着重考核学生的动手能力和解决实际问题的能力。

总成绩＝学习过程评价（20％）＋项目实训评价（40％）＋期末考核评价（40％）

7. 教学实施建议

该课程的教学过程在实训机房进行，每人一台电脑。建议教师在教学过程中，将学生分为若干小组，每个项目小组成员指定组长，共同完成项目，这样既可以提高学生的团队协作能力，也可以帮助接受能力较弱的同学向其他同学学习。

教学场所：企业＋学校。

教学项目：模拟公司项目组项目管理。

授课教师：富士通南大项目经理 2 人学时 12 学时；校内教师 1 人 36 学时。

学生学习方式:分小组进行练习、活动、讨论,各小组选派代表进行陈述汇报与成果分享。

4.2.6 "外包企业文化及职业素养"课程标准

1. 版本控制记录

表 4-16 "外包企业文化及职业素养"版本记录表

版本	日期	修改内容	校内教师	企业工程师	审核人
V1.0	2008-5-24	创建课程标准	吴晓光		
V1.1	2011-8-21	增加任务:日本 IT 企业的商务礼仪	吴晓光团队 2 人	冯小军(FNST)团队 3 人	
V1.2	2012-8-17	增加单元:职业规划与发展	吴晓光团队 2 人	冯小军(FNST)团队 2 人	

2. 课程定位

本课程是南工院—富士通南大软件外包人才培养课程包的专业核心课程,使学生了解外包企业文化,掌握职业素养和团队训练基本理论,锻炼实践技能,着重培养学生良好的职业素养和团队合作精神。通过对外包企业文化、职业道德、团队精神、职业能力等方面的学习,使学生具备基本职业素养,满足软件外包企业对员工基本职业素养和团队合作能力要求。

3. 课程目标

通过本门课程的学习,使学生能够:

① 了解员工的职业道德与行为规范及职业角色相应的职业心态和能力要求,树立理性对待企业和职业的积极心态及职业形象;

② 了解现代企业管理理念和企业文化,掌握完成工作任务的方法和技能,高效完成工作;

③ 掌握与同事建立良好合作关系、融入团队参与协作的方法与技巧,快速融入工作团队,开展工作;

④ 正确对待真实自己,按照成功的职业标准,不断地改善自我行为,养成良好的行为习惯,为自己的职业成长奠定基础。

(1) 知识与技能目标

通过学习,学生能够掌握外包企业文化,提高职业素养,培养团队精神。

- ♦ 理解企业文化;
- ♦ 人际交往和协商沟通能力;
- ♦ 工作中与他人的团队合作能力;
- ♦ 创新和逻辑思维能力;
- ♦ 职业发展和规划能力;
- ♦ 良好的职业道德和规范、安全、环保、成本和质量意识;
- ♦ 良好的心理素质和克服困难与挫折的能力。

(2) 职业能力目标

- ♦ 独立完成岗位工作的调试能力;
- ♦ 通过自学获取新知识和新技术的能力;
- ♦ 不断总结、提升质量以满足岗位需求的能力;
- ♦ 信息获取、加工与处理利用能力;
- ♦ 语言表达、文档编写能力。

(3) 职业素质目标

- ♦ 人际交往和协商沟通能力;
- ♦ 工作中与他人的团队合作能力;
- ♦ 良好的职业道德和规范、安全、环保、成本、质量意识;
- ♦ 良好的心理素质和克服困难与挫折的能力。

4. 课程内容及要求

本课程教学内容被设计为 6 个教学项目,每个项目包含若干个子任务,教学时,按照从前到后的顺序,对子任务逐步展开实现即可。课程教学模块划分见表 4-17。

表 4-17　课程教学模块划分

序号	教学项目 (单元能力)	工作任务的内容设计	参考课时
1	外包企业 文化	任务1：欧美 IT 企业的工作方式和规章制度 任务2：欧美 IT 企业的商务礼仪 任务3：日本 IT 企业的工作方式和规章制度 任务4：日本 IT 企业的商务礼仪	12
2	职业与职业 理想	任务1：培养职业兴趣 任务2：了解职业性格与职业性格发展 任务3：认识职业生涯设计	8
3	职业能力的 培养	任务1：培养创新能力 任务2：培养逻辑思维能力 任务3：管理项目的能力 任务4：知识基础的学习	16
4	职业道德的 培养	任务1：了解职业道德的含义 任务2：了解职业道德的基本规范 任务3：了解各行业职业道德规范 任务4：养成职业道德行为	10
5	职业意识的 培养	任务1：培养责任意识 任务2：培养工作规范意识与质量意识 任务3：培养服务意识与沟通意识 任务4：培养团队合作意识 任务5：培养劳动关系与权益保护意识	24
6	职业规划与 发展	任务1：了解职业规划和员工发展对企业和个人的 重要性 任务2：在模拟条件下制定个人职业目标和发展计划 任务3：掌握做好职业规划的关键	10
总　计			80

5. 教学资源要求

（1）教材选取原则

综合多方因素，选取适合高职院校计算机软件专业学生使用，以项目为编排方式，难度适中的教材。

（2）推荐教材

南工院—富士通南大软件外包人才培养课程的校本教材。

（3）实验教材

南工院—富士通南大软件外包人才培养课程的项目试验讲义。

（4）学习参考资源

①《IT 职业素养》,陈守森,电子工业出版社,2009。

②《基本职业素养》,马峰,胡广龙,天津大学出版社,2012。

（5）教学环境资源要求

① 计算机硬件要求:CPU 主频＞2 GHz,内存容量≥512 MB。

② 软件要求:Windows 2000 及以上,PPT。

③ 其他要求:扩音器,投影仪等。

6. 考核与成绩评定

本课程采用笔试加企业面试的考核方式,着重考核学生的动手能力和解决实际问题的能力。

总成绩＝学习过程评价(20%)＋项目实训评价(40%)＋期末考核评价(40%)

7. 教学实施建议

教学场所:企业＋学校

教学项目:模拟公司项目组沟通项目

授课教师:富士通南大人力资源骨干 1 人 6 学时;项目经理 6 学时;校内教师 1 人 68 学时。

学生学习方式:分小组进行练习、活动、讨论,各小组选派代表进行陈述汇报与成果分享。

4.2.7 "外包流程与规范"课程标准

1. 版本控制记录

表 4-18　"外包流程与规范"版本记录表

版本	日期	修改内容	校内教师	企业工程师	审核人
V1.0	2008-5-25	创建课程标准			
V1.1	2011-8-25	增加对日外包的深入探讨			
V1.2	2012-8-20	增加对日外包项目案例			

2. 课程定位

本课程是南工院—富士通南大软件外包人才培养课程体系中的专业核心课程,是针对软件测试员/程序员岗位的任职要求所设置的具有综合性质的课程,主要任务是通过对软件外包的整个业务流程的学习,使学生了解完整的软件服务外包的工作过程。

3. 课程目标

软件服务外包工作对编程人员的规范性要求非常严格,本课程通过规范的业务流程的学习,培养软件开发人员的岗位能力所需的技能:掌握软件外包流程知识,能够按照软件外包流程规范进行软件开发,能够根据文档独立的完成小模块的设计与编码,保持良好的接口规范。同时培养吃苦耐劳、爱岗敬业、团队协作的职业精神和诚信、善于沟通与合作的良好品质,为发展职业能力奠定良好的基础。

(1) 知识与技能目标

通过学习,学生能够学会应用 Struts ＋Hibernate 框架技术开发一个 OA 办公系统项目。

- ◆ 了解软件服务外包的起源和发展趋势;
- ◆ 掌握软件服务外包项目中的沟通方法;
- ◆ 掌握软件服务外包项目中如何理解需求,如何确认需求;
- ◆ 理解软件服务外包的商务谈判要点;
- ◆ 掌握软件服务外包项目的实施过程;
- ◆ 掌握软件服务外包项目的验收方式和验收要点;
- ◆ 掌握项目完成后的扫尾工作:文档整理与后期维保。

(2) 职业能力目标

- ◆ 独立完成岗位工作的调试能力;
- ◆ 通过自学获取新知识和新技术的能力;
- ◆ 不断总结、提升质量以满足岗位需求的能力;
- ◆ 信息获取、加工与处理利用能力;
- ◆ 语言表达、文档编写能力。

（3）职业素质目标

◆ 人际交往和协商沟通能力；

◆ 工作中与他人的团队合作能力；

◆ 良好的职业道德和规范、安全、环保、成本、质量意识；

◆ 良好的心理素质和克服困难与挫折的能力。

4. 课程内容及要求

本课程的教学内容分解为 7 个单元，共 48 学时。课程教学模块划分见表 4-19。

表 4-19　课程教学模块划分

序号	教学项目 （单元能力）	工作任务的内容设计	参考课时
1	外包服务 概述	任务 1：外包的起源 任务 2：外包的分类与特点 任务 3：外包的发展与趋势	4
2	外包项目中 的沟通	任务 1：电子邮件的应用 任务 2：项目会议 任务 3：电话会议礼仪 任务 4：Q&A 的应用	6
3	外包项目中 的需求确认	任务 1：需求初步沟通 任务 2：需求讨论方式 任务 3：需求文档 任务 4：需求评审 任务 5：需求确认	10
4	外包项目的 商务谈判	任务 1：合同的注意事项 任务 1-1：双方的权、责、利 任务 1-2：付款方式 任务 1-3：知识产权、保密协议 任务 1-4：沟通机制及开发周期 任务 2：技术方案确认	6
5	外包项目的 实施过程	任务 1：概要设计与详细设计 任务 2：编码 任务 3：测试	10

续表 4-19

序号	教学项目 （单元能力）	工作任务的内容设计	参考课时
6	外包项目的 验收	任务 1：项目中期检查 任务 2：用户测试与验收 任务 3：项目评价	8
7	文档整理与 后期维保	任务 1：产品提交 任务 2：文档整理与总结	4
		总　计	48

5. 教学资源要求

（1）教材选取原则

教材选用时遵循"够用、实用"的原则，选取适合高职院校软件专业学生使用的，紧密结合实际、案例丰富、分析透彻的教材。

（2）推荐教材

南工院—富士通南大软件外包人才培养课程的校本教材。

（3）实验教材

南工院—富士通南大软件外包人才培养课程的项目试验讲义。

（4）学习参考资源

①《信息技术服务外包　第 1 部分：服务交付保障通用要求》，信息技术服务标准工作组服务外包组，2010.2；

②《信息技术服务外包　第 2 部分：数据（信息）保护规范》，信息技术服务标准工作组服务外包组，2010.2；

③《信息技术、系统与服务的外包》，电子工业出版社，（美）罗伯特·克莱伯，等，杨波，等译，2003.4；

④《软件外包服务技术》，中国劳动社会保障出版社，上海市职业培训研究发展中心，等编，2011-10-1；

⑤《软件服务外包概论》，化学工业出版社，赵艳红主编，2012.11。

（5）教学环境资源要求

① 计算机硬件要求：Windows 2000 及以上，CPU 主频＞2 GHz，内存容

量≥512 MB；

② 软件要求：JDK 1.6 以上、Eclipse 3.3 以上、Tomcat 6.0 以上；

③ 其他要求：扩音器，投影仪等。

6. 考核与成绩评定

本课程采用笔试加项目的考核方式，着重考核学生的动手能力和解决实际问题的能力。

总成绩＝学习过程评价（20％）＋项目实训评价（40％）＋期末考核评价（40％）

7. 教学实施建议

教学场所：企业＋学校。

教学项目：富士通第三事业部日本车载产品，代码量 100K。

授课教师：富士通南大项目经理 1 人 10 学时；高级工程师 1 人 10 学时；校内教师 1 人 28 学时。

学生学习方式：学生分为若干小组，每个项目小组成员指定组长，共同完成项目。

4.3 综合实训课程标准   <<<<<

4.3.1 "Web 应用开发综合项目实训"课程标准

1. 版本控制记录

表 4-20 "Web 应用开发综合项目实训"版本记录表

版本	日期	修改内容	修改人	参与人	审核人
V1.0	2008-5-24	创建课程标准			
V1.1	2011-8-21	按学院标准修改课程标准			
V1.2	2012-10-17	修订 IT 新技术的内容			

2. 课程定位

"Web 应用开发综合项目实训"是南工院—富士通南大软件外包人才培养

课程体系中的综合实训课程。通过本课程的学习,解决两个方面的问题。其一,将本专业已学习过的专业课程中已掌握的知识、技能与所形成的单项、单元能力通过一个本综合性项目课程进行融合,使学生了解这些已掌握的知识、技能与所形成的单项、单元能力在完成一个本职业技术领域应用软件设计方面典型工作任务时所起的作用,并掌握如何运用这些知识、技能与单项、单元能力来完成一个综合性的项目,并激发与培养其从事本职业技术领域工作的兴趣与爱好;其二,通过本综合性项目课程,使学生培养独立完成一个本职业技术领域基于 Java 技术的典型工作任务的完整工作过程所需要的方法能力与社会能力,养成良好自觉的职业习惯与素养。

本课程在目标设定、教学过程、课程评价和教学方式等方面都突出以学生为主体的思想,注重学生实际工作能力与技术应用能力的培养,使课程实施成为学生在教师指导下构建知识、提高技能、活跃思维、展现个性、拓宽视野和形成工作能力的过程。

3. 课程目标

作为软件技术专业群第四学期的学生,已经学习了"面向对象程序设计""数据库基础 SQL 语言""软件测试基础""Web 应用开发"等课程,具备了程序设计语言和软件设计的理论知识与基本实践技能。本次综合实训的教学目的是:通过一个典型的电子商务平台系统,进行软件概要设计、详细设计、程序编码、软件单元测试与压力测试与项目完成后的评估总结报告的撰写等完整工作过程的训练,培养学生独立完成一个实际软件设计开发的综合职业能力。

(1) 专业能力目标

◆ 应用软件的需求分析、概要设计、详细设计能力;

◆ 应用 UML 工具设计软件功能结构的能力;

◆ 应用 Eclipse 开发工具进行程序编码的能力;

◆ 应用 Struts 框架设计系统表示层的能力;

◆ 应用 Spring 框架设计系统业务逻辑层的能力;

◆ 应用 Hibernate 框架实际数据库访问层的能力;

◆ 应用 MVC、DAO、Factory、Singleton 等常用设计模式的能力;

◆ 程序单元测试、压力测试能力；

◆ 系统的整合、打包与发布能力。

（3）职业能力目标

◆ 独立完成岗位工作的调试能力；

◆ 通过自学获取新知识和新技术的能力；

◆ 不断总结、提升质量以满足岗位需求的能力；

◆ 信息获取、加工与处理利用能力；

◆ 语言表达、文档编写能力。

4. 项目内容描述

（1）项目选题范围

本演习开发项目的选题范围不限，结合企业的实际项目需求来确定。

（2）项目内容要求

鉴于承担本"Web 应用开发综合项目实训"教学的各项目演习开发教学团队具体的项目任务各异，因此本标准对本演习开发项目课程教学内容仅提出如下原则性要求：

● 按照企业模式与要求进行设计与编码、测试相分离，过程文档严格按照企业标准。实现工作任务的"演习"特性；

● 项目组的日常开发过程完全遵从典型外包企业的日常管理模式。在项目开始，项目组长在 SPIF 平台上提交项目计划，并安排分配工作任务。每天晚上项目组成员在 SPIF 上提交自己的开发进度、开发成果并形成日报。每天上午项目组召开晨会，总结前一天的开发情况，重新安排和调整新一天的工作任务。每周召开周例会，总结一周的工作成果和进展，并提交周报。教师必须指导、督促学生按照企业的管理方式进行工作，并严格控制进度是否按照计划进行；

● 项目教学中所形成的作业过程与作业文件符合典型软件外包企业的要求；

● 项目考核采用演习发表形式，模拟企业项目组最终将产品提交给客户的过程。各项目组制作演习发表 PPT，介绍整个演习开发的过程，分析项目组开发过程的亮点和不足，并最终演示系统。

5. 实施要求

(1) 教学实施要领与规范

项目技术实施要领及规范	教学组织实施要领及规范	作业文件、考核办法与时间安排
教师针对企业或本专业职业技术领域中典型的技术产品开发工作,提炼出综合实训项目及技术参数与拟达到的功能,形成项目任务书。项目可以是真实的,也可以是虚拟的,但必须具有典型工作任务设计,能使学生获得工作过程的完整训练	学生每6～12人组成一个项目组。项目组设项目经理,项目经理负责项目组织与技术协调工作,项目组通过自主讨论对任务分解,保证每位学生有一项具体工作内容,并形成项目工作总体计划安排表。 教师下达任务后,提供每位学生一份项目任务书和实训指导手册。对项目工作任务进行必要的讲解,提出学习要求,告知各环节应达到的作业标准与考核方式,指导项目组,设计总体工作计划安排,引导项目组分解任务落实每位学生的具体工作内容	**作业文件** 1. 项目组分工安排及工作总体计划安排表; 2. 阶段活动讨论纪要。 **考核办法** 　教师通过参与项目组讨论,了解每位学生的工作态度与能力水平状况。 **时间安排** 　实训正式开始前1周
本阶段针对项目任务书,对拟完成的软件产品进行: 1. 总体方案的构思; 2. 需求分析与论证; 3. 概要设计与详细设计方案; 4. 所需开发平台的功能分析与设计; 5. 形成项目总体设计方案及报告	学生在教师指导下,自主通过各种方式进行信息收集、整理、加工与处理,并在研究交流基础上决策项目最终设计方案,并制定本阶段的工作计划进程安排表,对工作任务进行分工并提出拟达到的要求与时间节点,务必使每个学生对项目整体和自己分工的工作任务以及与项目组其他成员之间的关系有一个清晰的了解。并通过若干技术讨论会和项目总体设计报告审查会确定项目需求分析、概要设计、详细设计报告。 教师引导项目组拟定本阶段工作计划的安排及时间节点的控制,通过对典型案例的讲解,引导学生自己制定本阶段的详细工作计划进程安排表,落实工作任务的技术路线,告知提交的作业文件要求,关键时间节点上应达至的学习效果等	**作业文件** 1. 调研报告; 2. 本阶段项目计划进程安排表; 3. 项目需求分析、概要设计、详细设计报告; 4. 本阶段活动讨论与审查纪要。 **考核办法** 1. 学生互评分; 2. 教师根据讨论会及每位学生提供的技术资料及发言给出本阶段每位学生的评分。 **时间安排** 　实训第1周
本阶段在形成的总体设计方案基础上,对选定的方案按系统／功能／模块进行: 1. 数据库设计; 2. 模块界面设计; 3. 网站结构设计	学生在教师引导下,自主按系统／功能／模块落实每位学生的具体技术工作,制定并细化本阶段的工作任务安排及进度节点的控制,发挥团队分工协作的作用,及时通过技术讨论会,在教师引导(指导)下按时间节点完成技术方案各项任务,并形成详细设计必需的作业文件。 教师针对讨论审定的总体设计方案,通过对典型案例的讲解,引导学生自己制定本阶段的详细工作计划进程安排表,引导项目组围绕方案拟完成的技术工作进行分工,按系统／功能／模块落实每位学生的具体技术工作及完成工作任务的技术路线,告知提交的作业文件要求、关键时间节点上应达至的学习效果等。并按时间进度安排,指导学生开技术讨论会,指导审定技术方案	**作业文件** 1. 本阶段项目计划进程安排表; 2. 数据库设计脚本及界面设计页面; 3. 本阶段技术讨论与审查会纪要。 **考核办法** 1. 学生互评分; 2. 教师根据讨论会及每位学生提供的技术资料及发言给出本阶段每位学生的评分。 **时间安排** 　实训第2周

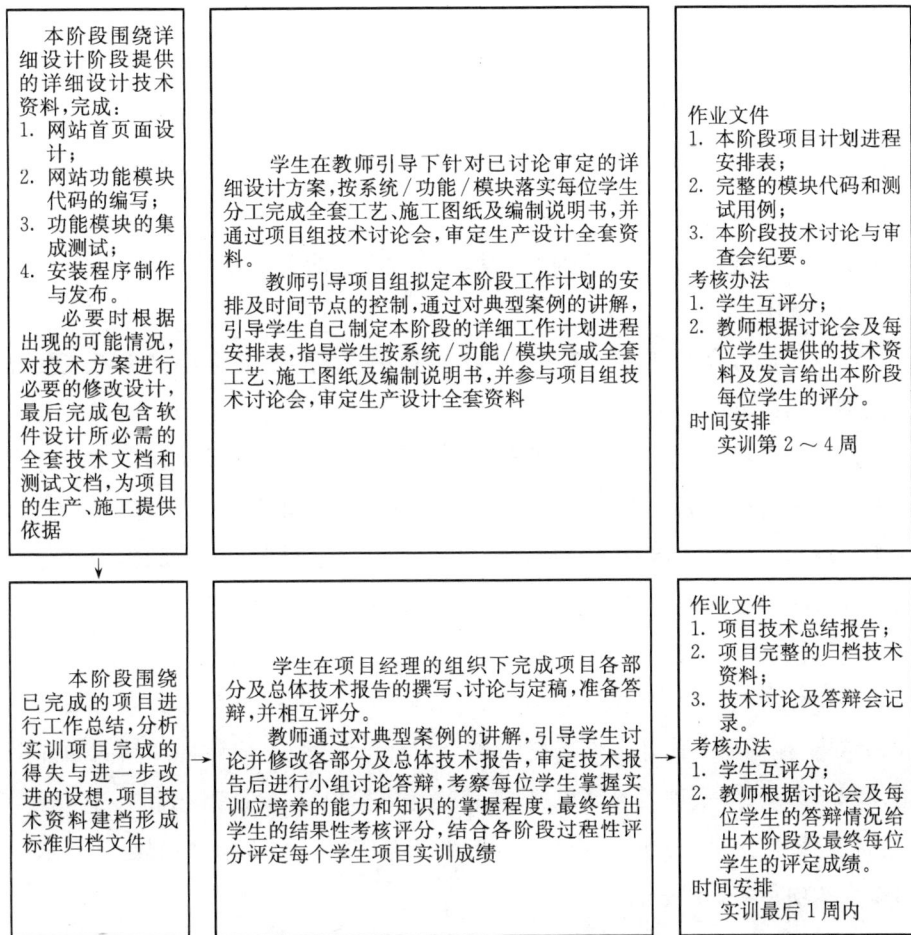

本阶段围绕详细设计阶段提供的详细技术资料,完成: 1. 网站首页设计; 2. 网站功能模块代码的编写; 3. 功能模块的集成测试; 4. 安装程序制作与发布。 必要时根据出现的可能情况,对技术方案进行必要的修改设计,最后完成包含软件设计所必需的全套技术文档和测试文档,为项目的生产、施工提供依据	学生在教师引导下针对已讨论审定的详细设计方案,按系统/功能/模块落实每位学生分工完成全套工艺、施工图纸及编制说明书,并通过项目组技术讨论会,审定生产设计全套资料。 教师引导项目组拟定本阶段工作计划的安排及时间节点的控制,通过对典型案例的讲解,引导学生自己制定本阶段的详细工作计划进程安排表,指导学生按系统/功能/模块完成全套工艺、施工图纸及编制说明书,并参与项目组技术讨论会,审定生产设计全套资料	作业文件 1. 本阶段项目计划进程安排表; 2. 完整的模块代码和测试用例; 3. 本阶段技术讨论与审查会纪要。 考核办法 1. 学生互评分; 2. 教师根据讨论会及每位学生提供的技术资料及发言给出本阶段每位学生的评分。 时间安排 实训第2~4周
本阶段围绕已完成的项目进行工作总结,分析实训项目完成的得失与进一步改进的设想,项目技术资料建档形成标准归档文件	学生在项目经理的组织下完成项目各部分及总体技术报告的撰写、讨论与定稿,准备答辩,并相互评分。 教师通过对典型案例的讲解,引导学生讨论并修改各部分及总体技术报告,审定技术报告后进行小组讨论答辩,考察每位学生掌握实训应培养的能力和知识的掌握程度,最终给出学生的结果性考核评分,结合各阶段过程性评分评定每个学生项目实训成绩	作业文件 1. 项目技术总结报告; 2. 项目完整的归档技术资料; 3. 技术讨论及答辩会记录。 考核办法 1. 学生互评分; 2. 教师根据讨论会及每位学生的答辩情况给出本阶段及最终每位学生的评定成绩。 时间安排 实训最后1周内

（2）教学方式

综合实训的过程要按照软件企业设计开发应用软件的实际情况进行,参加实训的学生等同于在企业上班;服从分组安排,坚守工作岗位,不能随意串岗;工作场所不得追逐打闹。严格考勤制度,学生要按照计划安排时要求上下班,迟到、早退、请假、旷课要记录在案。缺课三分之一以上不能取得实训成绩,旷课一天以上,就可以认定缺乏职业道德,一票否决。

针对一个学期中参与实训学生的不同阶段,要分析学生实际掌握程序设计语言、数据库、软件测试知识的水平,在遵循项目课程实施要领与规范基础上,根据他们的特点因材施教,可让其中学有余力、能力较强的学生参与教师的项

目开发并培养其项目组织管理能力;对能力与学习水平处于中游的学生应指导其通过对以往开发完成的项目的学习,使其尽快掌握拟完成项目的工作过程及技术要点进入角色;对能力与学习水平较弱的学生应指导其补习完成本实训项目所欠缺的知识、技能与方法等,使其能尽快通过努力掌握拟完成项目的工作过程及技术要点进入角色。以便在项目实训教学正式进入计划安排后能顺利地按实施要领与规范进行,达到本实训项目教学的能力培养目标。

(3)考核方法

学生参加综合实训项目学习的成绩等第由形成性考核与终结性考核两部分相结合给出。

形成性考核:由实训指导教师对每一位学生每一阶段的实训情况进行过程考核。每一阶段根据学生上交的作业文件,依据项目本阶段验收考核要求,参照学生参与工作的热情、工作的态度、与人沟通、独立思考、勇于发言,综合分析问题和解决问题的能力,安全意识、卫生状态、出勤率等等方面情况综合评价学生每一阶段的学习成绩。

终结性考核:实训结束时,实训指导教师考查学生的实训项目学习最终完成的结果,根据项目作业文件提交的齐全与规范程度、完成软件产品的功能是否达标与质量好坏、项目答辩思路、语言表达等给出终结性考核成绩。

综合评定成绩:根据形成性考核与终结考核两方面成绩,按规定的要求给出学生本项目实训综合评定成绩。

否定项:旷课一天以上、违反教学纪律三次以上且无改正、发生重大责任事故、严重违反校纪校规。

"Web应用开发综合项目实训"考核标准与评分方式见表4-21,成绩计算方法见表4-22。

(4)教学文件与使用

由系综合实训项目开发团队会同企业兼职教师联合编写的综合实训项目教学的任务书规范格式要求、教师指导手册、学生学习手册以及综合实训项目课程标准是各项目教学团队进行综合实训教学的指导性文件。参与综合实训的教师和学生分别携带任务书和各自对应的手册,随时记录各种作业文件,供考核和备查之用。

表 4-21　"Web 应用开发综合项目实训"考核标准

单元内容	项目内容	项目成绩评定标准				
		90～100	80～89	70～79	60～69	0～50
系统分析/设计	分组讨论	没有迟到、旷课记录	没有迟到、旷课记录	没有旷课记录	没有旷课记录	旷课 1 天以上
		口头交流叙述流畅，观点清楚表达简单明白	能比较流畅表达自己的观点	基本表达自己观点	只能表达部分观点	言语含糊不清，思维混乱
		独立学习、检索资料能力强，有详细记录	检索资料能力比较强	基本合理运用资料	运用资料较差	基本不会检索资料
		承担小组的组织	积极参与讨论，有建设性意见	积极参与讨论，有自己的意见	参与讨论	不参与讨论
	系统设计	系统调研充分、设计方案合理	系统调研充分、设计方案脚本合理	系统调研较充分、设计方案基本合理	完成系统调研、设计方案基本合理	不能完成设计方案
		数据库设计合理	数据库设计基本合理	数据库设计基本合理	数据库设计有一定缺陷	不能完成数据库设计
		系统功能设计完善	系统功能设计完整	系统功能设计基本完整	系统功能设计需改进	系统功能设计有很大缺陷
功能模块代码编写	模块设计及代码编写	模块设计合理、完整	模块设计基本合理、完整	模块设计较合理、完整	模块设计较合理、基本完整	模块设计不合理、完整不全
		符合编程规范	较符合编程规范	较符合编程规范	较符合编程规范	不符合编程规范
		代码结构清晰	代码编写正确	代码编写较正确	代码编写基本正确	代码编写错误很多
		进度控制合理	进度控制基本合理	进度控制较合理	进度控制不太合理	进度控制不合理

续表 4-21

单元内容	项目内容	项目成绩评定标准				
		90～100	80～89	70～79	60～69	0～50
集成测试	测试用例设计及报告	用例设计完整、全面	用例设计基本完整、全面	用例设计较完整、全面	用例设计不太完整	用例设计不完整
		报告内容符合规范且完整	报告内容基本符合规范且完整	报告内容基本符合规范，基本完整	报告内容基本符合规范，较完整	报告内容不符合规范
答辩及报告	答辩过程及设计报告	口头交流叙述流畅，观点清楚表达简单明白	能比较流畅表达自己的观点	基本表达自己观点	只能表达部分观点	言语含糊不清，思维混乱
		正确回答相关的设计问题	较正确回答相关的设计问题	能回答相关的设计问题	能回答相关的设计问题	不能回答相关的设计问题
		报告内容完整、格式符合规范	报告内容基本完整、格式符合规范	报告内容较完整、格式符合规范	报告内容较完整、格式基本符合规范	报告内容不完整、格式基本符合规范

表 4-22　成绩计算表

阶段	小组讨论	过程评价	任务单成绩	完成成果	小结	比例
01						20％
02						10％
03						40％
04						30％
总成绩						

6. 其他说明

(1) 项目教学组织

本综合实训项目教学要求教学团队，在接受二年级本综合实训项目课程任务后，根据系对本专业群教学安排分配到本项目部的学生人数，组成若干指导教师小组,并对学生进行分组,各指导教师小组落实项目经理,并指导若干小组学生的综合实训项目教学。

(2)对教师的要求

教学团队主任负责对实训指导教师的工作情况进行评价,评价时由参与实训的全体学生和教学团队教师共同评价。

从以下几方面评价实训指导教师履行职责情况:

指导过程认真负责,在关键问题上把好关、作好引导工作,耐心解答学生所遇到的技术、工艺和质量管理等方面问题;

注意培养学生的综合职业能力,充分发挥他们的主动性、创造性;培养学生在整个工作过程中团队协作和敬业爱岗精神;

以身作则,模范遵守校纪校规,具有良好的职业道德,为人师表;

对综合实训项目的实施控制能力强,在本专业领域有较深的造诣,在学生中有较高的威信;

对学生的评价公开、公平、合理。

第五章　校企融合的教学设计

组建校企混编的课程开发团队,联合进行核心课程的教学设计与教学资源的开发。专任教师半年顶岗,参与企业实际项目,承担开发任务,教师将顶岗实践的项目流程、技术和方法、相关知识点整理成文档,并与企业工程师一起将企业项目进行教学加工与裁剪,课程以项目引导,以裁剪后的富士通南大生产性项目为载体,突出学做合一,体现双元主体与工学结合特色,在课程设计中明确构建了由单项(单元)能力训练、逐步递进设计的典型工作任务。经过双方共同努力,在富士通南大内部教育资料的基础上,开发出 FNST 软件开发与过程管理、FNST 团队协作与软件品质保证等 10 门优质课程资源,建立每门课程的教学标准、教学整体设计、教学大纲、单元设计等课程教学文件,开发出核心课程的课件、教学项目等数字化教学资源。

5.1　核心课程教学总体设计　　　　　<<<<<

5.1.1　"外包日语"课程教学总体设计方案

1. 课程说明

课程名称	外包日语
课程团队教师	校企合作教学团队
所用专业	软件技术
班级	软件

续表

教学地点	教一教学楼、语音室、公司项目组
教学模式	讲授、口语练习
教材全称	校本教材
合作企业	南京富士通南大软件技术有限公司

（1）学时：128学时

（2）教学形式：■1∶1(讲授与实践)；□学做合一

（3）教学模式：项目、情景教学

（4）以4节课为一个完整的教学单元,包括同步实践教学

2. 本课程在专业中的定位

与前导课程、后续课程的关系：

前导课程	后继课程
无	企业专有外包行业知识

3. 学生总体学情分析

班级名称		学生数	40
班级学生来源	单独招生、高中、单招		
前导课程名称 学习成绩及学习效果分析	无 学习成绩一般,需要加强练习和过程考核,提高对所学 知识的应用能力和熟练度		
班级学风情况	整体学风良好,个别学习有困难		

4. 教学目标(能力)

（1）知识目标

掌握扎实的日语基础知识,完成标准日语初级的日语学习后,达到日语能力测试N4级水平。

（2）能力目标

在熟悉的语境下进行会话；能阅读和书写简单的句子和文章,熟练进行办

公室常用会话、正确书写 QA 票等文档、收发邮件、看懂日文式样书，了解软件外包的发展。

（3）情感目标

在学习和实践中培养学生对日本文化和日企文化的倾向和感受，在今后工作中能够游刃有余地把握中日两国的文化差异，充分体验两国文化的精髓。

锻炼学生的沟通交流能力、理解文档的能力、协作能力。

5. 课程内容设计

编号	教学组织/ 项目/任务	单元教学设计及内容概要	学时数
M1	入门单元	任务 1：假名的发音与书写 任务 2：浊音、半浊音、撥音、拗音、促音 任务 3：私は田中です 任务 4：これは本です 任务 5：ここは学校です 任务 6：昨日は 6 月 29 日でした	20
M2	小李赴日	任务 1：田中さんは会社へ行きます 任务 2：田中さんは新聞を読みます 任务 3：田中さんは万年筆で手紙を書きます 任务 4：部屋に机があります	16
M3	小李的公司 生活（一）	任务 1：デパートの建物は高いです 任务 2：これは古い庭園です 任务 3：張さんはピンポンが好きです 任务 4：中国は日本より広いです	20
M4	小李在箱根	任务 1：田中さんは毎朝紅茶を 2 杯飲みます 任务 2：私は本がほしいです 任务 3：ここに名前を書いてください 任务 4：帰っていいです	16
M5	小李的公司 生活（二）	任务 1：日本の国土は細かくて長いです 任务 2：もうすぐ 7 時になります 任务 3：駅で煙草を吸わないでください 任务 4：張さんは料理ができます	20

续表

编号	教学组织/项目/任务	单元教学设计及内容概要	学时数
M6	小李在日本迎新春	任务1：王さんは歌舞伎の本を読んだことがあります 任务2：王さんは歌舞伎の本を読んだことがあります 任务3：私は新しい技術を勉強したいと思います 任务4：中国は長い歴史を持つ国です	16
M7	再见，日本	任务1：日本語を勉強するのは楽しいです 任务2：食事の時日本人は箸を使います 任务3：わたしは今日秋葉原へ行こうと思います 任务4：私の趣味は切手を集めることです	16
M8	4级能力测试训练	任务1：测试训练	4

6. 考核评价方案设计

考核项目		考核方法	比例
过程考核	态度纪律	根据作业完成情况、课堂回答问题、课堂实践示范情况，由教师和学生干部综合评定学习态度的得分；根据上课考勤情况，由教师和学生干部评定纪律得分	20%
	课堂实践	根据学生实践情况，由学生自评、他人评价和教师评价相结合的方式评定成绩	20%
结果考核	期末考试	由教师评定笔试成绩	60%
合　计			100%

7. 参考资料

(1)《服务外包实用日语》

(2)《新版标准日本语初级(上下)》，人民教育出版社

（3）《みんなの日本語》,外语教学与研究出版社

（4）《日语表达方式辨析》,王宏编著

5.1.2 "Web 应用开发"课程教学总体设计方案

1. 课程说明

课程名称	Web 应用开发
课程团队教师	校企合作教学团队
所用专业	软件技术
班级	软件
教学地点	教一教学楼、教四机房、企业项目组
教学模式	讲授、实训辅导
教材全称	校本教材
合作企业	南京富士通南大软件技术有限公司

（1）学时：120 学时

（2）教学形式：□1∶1(讲授与实践)；■学做合一

（3）教学模式：项目、情景教学

（4）以 4 节课为一个完整的教学单元,包括同步实践教学。

2. 本课程在专业中的定位

与前导课程、后续课程的关系：

前导课程	后继课程
面向对象程序设计	语言编程能力强化与深化

3. 学生总体学情分析

班级名称		学生数	40
班级学生来源	单独招生、高中、单招		

续表

前导课程名称 学习成绩及学习效果分析	程序设计基础、数据库基础 学习成绩一般,需要将以前学过的知识进行引导复习和 综合应用,提高对所学知识的应用能力和熟练度
班级学风情况	整体学风良好,个别学习有困难

4．教学目标(能力)

(1)能力目标

以实际掌握编程实战技术为中心,学生具备一定的代码编写、设计和分析等技能型人才所必需的基础知识及相关的基本职业能力,学习完该课程后学生能完成一个基于 Web 的企业信息管理系统。

锻炼学生的沟通交流能力、理解文档的能力、协作能力。

(2)知识目标

掌握 JSP 动态网页设计的开发环境搭建、JSP 动态网页开发的基本技术、JavaBean 的编写、Servlet 的编写、使用 JDBC 技术进行数据库访问模块的设计、结合 JDBC 技术、MVC 设计模式等技术设计和实现基于 B/S 模式的应用软件系统。

5．课程内容框架

编号	模块	教学组织/项目/任务	单元教学设计及内容概要	学时数
M1	开发环境的搭建和使用	单元 1-1：开发环境的搭建和使用	任务 1：JDK 的下载、安装和配置 任务 2：Tomcat 的下载、安装和配置 任务 3：JSP 开发工具 Eclipse 和 MyEclipse 的下载、安装和配置 任务 4：编写一个简单的 JSP 程序并运行	4

续表

编号	模块	教学组织/项目/任务	单元教学设计及内容概要	学时数
M2	Easy_One 电子商城系统设计	单元 2-1：系统的功能模块设计及数据库设计 单元 2-2：系统的详细设计	任务 1：了解整个电子商城的前、后台系统功能 任务 2：系统的功能模块设计 任务 3：系统的数据库设计 任务 4：系统的详细设计	8
M3	电子商城的首页设计	单元 3-1：JSP 脚本元素和注释 单元 3-2：JSP 指令元素 单元 3-3：JSP 动作元素	任务 1：学会使用 JSP 脚本元素和注释 任务 2：学会使用 JSP 指令元素 任务 3：学会使用 JSP 动作元素 任务 4：完成电子商城的首页设计及编码	12
M4	电子商城的用户登录功能的设计	单元 4-1：JSP 内置对象 out 和 request 的应用 单元 4-2：response 对象的应用 单元 4-3：session 对象的应用 单元 4-4：application 对象的应用 单元 4-5：Cookie 和会话跟踪机制	任务 1：掌握 JSP 内置对象的基本概念 任务 2：学会使用 out 对象的方法 任务 3：学会使用 session 对象的方法 任务 4：学会使用 application 对象的方法 任务 5：完成电子商城的用户登录功能	20
M5	电子商城的商品添加、展示功能的设计	单元 5-1：JDBC 数据库连接 单元 5-2：数据库访问 单元 5-3：分页功能的实现和 JDBC 数据源配置	任务 1：熟悉 JDBC 常用接口 任务 2：对数据库进行增、删、改、查等操作 任务 3：完成电子商城的商品添加功能 任务 4：JSP 的分页功能的实现 任务 5：完成电子商城的商品展示功能	12

续表

编号	模块	教学组织/项目/任务	单元教学设计及内容概要	学时数
M6	电子商城的购物车功能的设计	单元 6-1：JavaBean 的编写和使用 单元 6-2：JavaBean 的典型应用	任务 1：理解 JavaBean 的概念 任务 2：掌握 JavaBean 的编写和使用 任务 3：DAO 设计模式的应用 任务 4：JavaBean 的典型应用 任务 5：完成电子商城的购物车功能	8
M7	电子商城的访问计数器功能的设计	单元 7-1：Servlet 的概念及生命周期 单元 7-2：Servlet 的编写、配置和调用 单元 7-3：Servlet 的典型应用	任务 1：理解 Servlet 的基本概念 任务 2：理解 Serlvet 的生命周期 任务 3：学会编写 Servlet 任务 4：学会 Servlet 的配置和调用 任务 5：理解 MVC 设计模式 任务 6：完成电子商城的访问计数器功能	12
M8	电子商城的订单处理、销量统计功能的设计	单元 8-1：文件的上传下载 单元 8-2：发送邮件 单元 8-3：图形处理和数据统计	任务 1：熟悉 JSP 的 SmartUpload 的常用类 任务 2：用 SmartUpload 实现文件上传下载 任务 3：熟悉 JavaMail 的概念及常用类 任务 4：用 JavaMail 发送邮件 任务 5：熟悉验证码的原理及实现、进度条的实现 任务 6：熟悉 JFreeChart 的核心类库 任务 7：使用 JFreeChart 实现圆饼图和柱状图	12
M9	电子商城页面简化设计	单元 9-1：EL 的使用 单元 9-2：JSTL 核心标记库的应用	任务 1：掌握 EL 表达式的语法 任务 2：使用 EL 简化电子商城页面 任务 3：掌握 JSTL 核心标记库的应用 任务 4：使用 JSTL 简化电子商城页面	8

模块的形式：

（1）知识块

（2）技能块

（3）组织形式：项目（模块）、情境、案例

6. 考核评价方案设计

考核项目		考核方法	比例
过程考核	态度纪律	根据作业完成情况、课堂回答问题、课堂实践示范情况，由教师和学生干部综合评定学习态度的得分； 根据上课考勤情况，由教师和学生干部评定纪律得分	20%
	课堂实践	根据学生实践情况，由学生自评、他人评价和教师评价相结合的方式评定成绩； 根据完成的时间、功能的完善程度、是否有创新由小组长评价和教师抽评相结合的方式评定成绩	40%
结果考核	期末考试	由教师评定笔试成绩	40%
		合　计	100%

7. 参考资料

（1）《JSP 程序设计案例教程》刘志成编著，人民邮电出版社

（2）《JSP 动态网站开发基础教程与实验指导》王晓军等编著，清华大学出版社

（3）《Servlet 与 JSP 核心编程》赵学良译，清华大学出版社

（4）《JSP 网路编程》邓子云等著，电子工业出版社

5.1.3 "编程能力强化与深化"课程教学总体设计方案

1. 课程说明

课程名称	编程能力强化与深化
课程团队教师	校企合作教学团队

续表

所用专业	软件技术
班级	
教学地点	教一教学楼、教四机房、公司项目组
教学模式	讲授、实训辅导
教材全称	校本教材
合作企业	南京富士通南大软件技术有限公司

（1）学时：120 学时

（2）教学形式：□1∶1(讲授与实践)；■学做合一

（3）教学模式：项目、情景教学

（4）以 4 节课为一个完整的教学单元，包括同步实践教学

2. 本课程在专业中的定位

与前导课程、后续课程的关系：

前导课程	后继课程
Java Web 应用开发、数据库系统	无

3. 学生总体学情分析

班级名称		学生数	40
班级学生来源	单独招生、高中、单招		
前导课程名称 学习成绩及学习效果分析	程序设计基础、Web 应用开发、数据库基础； 学习成绩一般，需要将以前学过的知识进行引导复习 和综合应用，提高对所学知识的应用能力和熟练度		
班级学风情况	整体学风良好，个别学习有困难		

4. 教学目标（能力）

（1）能力目标

以实际掌握编程实战技术为中心，学生具备一定的代码编写、设计和分析

等技能型人才所必需的基础知识及相关的基本职业能力,学习完该课程后学生能完成一个整合 Struts 和 Hibernate 框架技术的电子商务系统。

锻炼学生的沟通交流能力、理解文档的能力、协作能力。

(2) 知识目标

掌握 Struts2 框架基本思想、Action 组件、拦截器、持久层设计基础、Hibernate 基本核心接口、Hibernate 对象关系映射、Hibernate 查询技术和 Struts＋Hibernate 整合开发。

5. 课程内容框架

编号	模块	教学组织/项目/任务	单元教学设计及内容概要	学时数
M1	Struts 框架基本思想	单元 1-1：Struts2 框架的 MVC 实现	任务 1：理解主流的框架模型 任务 2：运行第一个实例	4
		单元 1-2：Struts2 配置和组件介绍	任务 1：Struts 开发环境的搭建 任务 2：编写 web 配置文件 任务 3：锻炼编写文档的能力	
M2	Action 组件	单元 2-1：Action 中资源访问	任务 1：Struts 开发环境的搭建 任务 2：掌握 action 访问请求信息的三种方法 任务 3：掌握 action 访问上下文信息的三种方法	8
		单元 2-2：组件映射	任务 1：学会配置 action 组件 任务 2：注册模块编写	
		单元 2-3：Action 的组织	任务 1：商品管理模块编写 任务 2：到官方网站查阅资料	
M3	Struts 拦截器	单元 3-1：拦截器的原理和使用	任务 1：掌握内置拦截器的使用 任务 2：撰写文档	10
		单元 3-2：拦截器的监听和自定义	任务 1：掌握自定义拦截器的编写和配置使用 任务 2：编写登录拦截器	

续表

编号	模块	教学组织/项目/任务	单元教学设计及内容概要	学时数
M4	结果视图	单元 4-1：结果视图	任务 1：掌握结果视图的类型和转发原理 任务 2：理解如何编写自定义视图	10
		单元 4-2：Ognl 表达式	任务 1：学会使用 Ognl 表达式 任务 2：为登录注册模块添加验证码功能	
		单元 4-3：Struts 标记库	任务 1：掌握 Struts 标记库的常用标记 任务 2：编写购物车模块 任务 3：（抽象类和抽象方法）	
M5	Struts 输入校验和类型转换	单元 5-1：内置校验器	任务 1：掌握内置效验器的使用 任务 2：为注册模块添加效验器	8
		单元 5-2：Struts 类型转换	任务 1：理解 Struts 类型转换的机制 任务 2：学会类型转换的实现（多地址管理）	
M6	Struts 高级特性	单元 6-1：Struts 高级特性	任务 1：了解 Struts 异常处理的机制	8
		单元 6-2：国际化	任务 2：学会编写国际化配置文件	
		单元 6-3：常用组件使用	任务 3：完成商品分页代码编写	
M7	持久层设计基础	单元 7-1：持久层设计与 ORM	任务 1：使用 DAO 模式进行持久层设计 任务 2：对代码进行解耦合设计 任务 3：了解主流的持久层框架模型 任务 4：锻炼编写文档的能力	8

续表

编号	模块	教学组织/项目/任务	单元教学设计及内容概要	学时数
		单元 7-2：Hibernate 环境搭建	任务 1：Hibernate 开发环境的搭建 任务 2：使用 MiddleGen 工具产生基础数据库代码 任务 3：Hibernate 配置文件的编写 任务 4：学会 Hibernate 的编写步骤	
		单元 7-3：运行第一个 Hibernate 程序	任务 1：使用 JUnit 写测试用例 任务 2：使用 log4j 进行日志管理 任务 3：编写日志配置文件 任务 4：到官方网站查阅资料	
M8	Hibernate 基本核心接口	单元 8-1：Hibernate 的基本组件	任务 1：了解 Hibernate 的基本体系结构	12
		单元 8-2：Configuration 接口和 SessionFactory 接口	任务 1：掌握 Configuration 和 SessionFactory 接口及应用	
		单元 8-3：Session 接口	任务 1：学会 Session 接口的使用 任务 2：完成商品添加功能 任务 3：完成商品修改功能 任务 4：完成商品删除功能	
		单元 8-4：Query 接口和事务管理	任务 1：理解 Query 和 Session 接口及其在 hibernate 编程中的作用 任务 2：理解 Hibernate 事务管理的概念 任务 3：完成商品查询功能	
M9	Hibernate 的对象关系映射	单元 9-1：基本映射	任务 1：编写 Hibernate 映射文件	12
		单元 9-2：集合映射	任务 1：编写 Hibernate 集合映射文件	

续表

编号	模块	教学组织/项目/任务	单元教学设计及内容概要	学时数
		单元9-3：关联映射	任务1：编写 Hibernate 关联映射文件	
		单元9-4：组件映射	任务1：编写 Hibernate 组件映射文件	
		单元9-5：继承映射	任务1：编写 Hibernate 继承映射文件	
M10	Hibernate 查询技术	单元10-1：HQL 查询语言	任务1：创建数据及测试表格 任务2：使用 HQL 查询完成针对3种情况下查询语句的编写，并运行通过	12
		单元10-2：条件查询和 Native SQL 查询	任务1：创建数据及测试表格 任务2：使用条件查询和 Native SQL 查询完成针对3种情况下查询语句的编写，并运行通过	
M11	Hibernate 高级特性	单元11-1：Hibernate 分页	任务1：完成商品查询结果分页显示代码编写	12
		单元11-2：Hibernate 性能优化	任务1：完成进程范围内缓存管理的用例编写	
M12	Struts + Hibernate 整合开发	单元12-1：Hibernate 和 Struts 集成	任务1：完成一个基于 SH 的电子商务系统	16

模块的形式：

（1）知识块

（2）技能块

（3）组织形式：项目（模块）、情境、案例

6. 考核评价方案设计

考核项目		考核方法	比例
过程考核	态度纪律	根据作业完成情况、课堂回答问题、课堂实践示范情况，由教师和学生干部综合评定学习态度的得分； 根据上课考勤情况，由教师和学生干部评定纪律得分	20%
	课堂实践	根据学生实践情况，由学生自评、他人评价和教师评价相结合的方式评定成绩； 根据完成的时间、功能的完善程度、是否有创新由小组长评价和教师抽评相结合的方式评定成绩	40%
结果考核	期末考试	由教师评定笔试成绩	40%
合　计			100%

7. 参考资料

（1）Hibernate 逍遥游记

（2）Struts2.0＋Hibernate＋Spring 整合开发详解

（3）Struts2.0 实例教程

5.1.4　"测试技法"课程教学总体设计方案

1. 课程说明

课程名称	测试技法
课程团队教师	校企合作教学团队
所用专业	软件技术
班级	
教学地点	教一教学楼、教四机房、公司项目组
教学模式	讲授、实训辅导
教材全称	校本教材
合作企业	富士通南大软件技术有限公司
版本说明	1.2

(1) 学时:80 学时

(2) 教学形式:□1:1(讲授与实践);■学做合一

(3) 教学模式:项目、情景教学

(4) 以 4 节课为一个完整的教学单元,包括同步实践教学

2. 本课程在专业中的定位

(1) 与前导课程、后续课程的关系:

前导课程	后继课程
软件测试基础	无

(2) 与职业岗位的对应关系:

培养软件测试员的岗位能力所需的技能:掌握软件测试知识,能够完成测试用例设计和测试代码编写。能够针对实际情况采用合适的测试策略及测试方法,设计相应的测试用例和编写测试代码,承担软件开发企业中程序代码编写和测试的工作任务。同时培养吃苦耐劳、爱岗敬业、团队协作的职业精神和诚信、善于沟通与合作的良好品质,为发展职业能力奠定良好的基础。

3. 学生总体学情分析

班级名称		软件		学生数	
班级学生来源	单独招生、高中、单招				
前导课程名称 学习成绩及学习效果分析	软件测试基础; 学习成绩一般,需要将以前学过的知识进行引导复习 和综合应用,提高对所学知识的应用能力和熟练度				
班级学风情况	良好				

4. 教学目标

(1) 能力目标

以实际掌握测试实战技术为中心,学生具备一定的测试用例编写、设计和测试分析等技能型人才所必需的基础知识及相关职业能力。

锻炼学生的沟通交流能力、理解文档的能力、协作能力。

（2）知识目标

掌握软件测试知识，能够完成测试用例设计和测试代码编写。能够针对实际情况采用合适的测试策略及测试方法，设计相应的测试用例和编写测试代码，承担软件开发企业中程序代码编写和测试的工作任务。

5. 课程内容框架

序号	教学项目（单元能力）	模块学习内容（单项能力）	工作任务的内容设计	参考课时
1	软件质量保证	M1.1 软件质量保证 M1.2 CMM/CMMI M1.3 软件质量铁三角	任务1：正确理解和认识软件质量的概念及质量保证体系	4
2	软件测试原理	M2.1 软件测试目的、原则、分类 M2.2 软件测试的对象，衡量标准，手段 M2.3 软件测试的过程模型 M2.4 * 软件测试工程师的素质要求	任务1：理解软件测试的分类、原则、策略和流程 任务2：理解软件工程和软件测试的联系及软件测试模型	4
3	软件测试技术	M3.1 黑盒技术 M3.1.1 等价类 M3.1.2 边界值 M3.1.3 决策表 M3.1.4 要因分析法 M3.1.5 *因果图 M3.1.6 综合应用 M3.2 白盒技术 M3.2.1 逻辑覆盖 M3.2.2 基路径 M3.3.3 综合案例分析	任务1：掌握等价类测试技术 任务2：掌握边界值测试技术 任务3：掌握决策表测试技术 任务4：掌握要因分析法 任务5： * 因果图法 任务6：综合利用黑盒测试方法 任务7：掌握白盒测试技术：逻辑覆盖 任务8：掌握白盒测试技术：基路径 任务9：综合案例分析	20

说明：* 为学有余力的同学选学内容

续表

序号	教学项目（单元能力）	模块学习内容（单项能力）	工作任务的内容设计	参考课时
4	测试管理	M4.1 测试阶段 M4.1.1 单元测试、XUnit M4.1.2 集成测试 M4.1.3 系统测试 M4.2 测试用例管理 M4.3 测试缺陷管理 M4.3.1 缺陷的特点、属性 M4.3.2 缺陷的跟踪管理 M4.3.3 缺陷管理工具，缺陷统计分析	任务1-1：使用JUnit测试简单Java程序 任务1-2：使用JUnit测试自动售货机 任务2：理解软件测试阶段：单元测试、集成测试、系统测试 任务3：理解测试用例管理的基本要求，方法 任务4：理解缺陷的基本属性，缺陷的处理流程 任务5：掌握常用的缺陷管理工具，了解缺陷的统计分析	16
5	自动化测试	M5.1 自动化测试流程 M5.2 自动化测试原理 M5.3 脚本录制、回放 M5.4 对象库 M5.5 检查点 M5.6 数据驱动 M5.7 功能对象 M5.8 ＊VBScript M5.9 ＊描述性编程 M5.10 ＊恢复场景	任务1：了解自动化测试的流程、基本原理，掌握脚本的录制、运行、结果查看方法 任务2：掌握对象库的基本操作，检查点的使用方法 任务3：掌握数据驱动测试 任务4：掌握常见功能对象的使用方法 任务5：＊掌握VBScript 任务6：＊掌握描述性编程 任务7：＊掌握恢复场景的方法	36

6. 考核评价方案设计

考核项目		考核方法	比例
过程考核	态度纪律	根据作业完成情况、课堂回答问题、课堂实践示范情况，由教师和学生干部综合评定学习态度的得分； 根据上课考勤情况，由教师和学生干部评定纪律得分	20%

续表

考核项目		考核方法	比例
	课堂实践	根据学生实践情况,由学生自评、他人评价和教师评价相结合的方式评定成绩; 根据完成的时间、功能的完善程度、是否有创新由小组长评价和教师抽评相结合的方式评定成绩	40%
结果考核	期末考试	由教师评定笔试成绩	40%
合　计			100%

7. 参考资料

(1)《软件测试技术基础》,武剑洁等著,华中科技大学出版社,2008 年 10 月第 1 版

(2)《软件测试(原书第 2 版)》,Patton,R. 著,机械工业出版社(2006 年)

(3)《QTP 自动化测试实践》,陈能技等著,电子工业出版社 2008 年 6 月第 1 版

(4) 51Testing 软件测试网 http://www. 51testing. com/html/index. html

(5) 中国软件评测中心 http://www. cstc. org. cn

(6) CSDN 软件测试频道 http://testing. csdn. net

5.1.5　"外包软件过程及项目管理"课程教学总体设计方案

1. 课程说明

课程名称	外包软件过程及项目管理
课程团队教师	校企合作教学团队
所用专业	软件技术
班级	软件
教学地点	教一教学楼、教四机房、公司项目组
教学模式	讲授、实训辅导

续表

教材全称	校本教材
合作企业	富士通南大软件技术有限公司
版本说明	1.2

（1）学时：80学时

（2）教学形式：□1∶1(讲授与实践)；■学做合一

（3）教学模式：项目、情景教学

（4）以4节课为一个完整的教学单元，包括同步实践教学

2. 本课程在专业中的定位

与前导课程、后续课程的关系：

前导课程	后继课程
程序设计基础，数据库管理与应用	生产性项目演习开发，顶岗实习与毕业项目

3. 学生总体学情分析

班级名称		学生数	40
班级学生来源	单独招生、高中、单招		
前导课程名称 学习成绩及学习效果分析	程序设计基础、Web应用开发、数据库基础； 学习成绩一般，需要将以前学过的知识进行引导复习 和综合应用，提高对所学知识的应用能力和熟练度		
班级学风情况	整体学风良好，个别学习有困难		

4. 教学目标(能力)

（1）能力目标

通过本门课程的学习，使学生了解软件开发过程的基本概念，FNST项目开发的具体过程，理解配置管理的基本概念，掌握SPIF在项目管理中的使用方法，使学生达到理论联系实际、活学活用的基本目标，提高其实际应用技能，并使学生养成善于观察、独立思考的习惯，同时通过教学过程中的实际开发过程的规范要求增强学生的职业道德意识和职业素质养成意识。

（2）知识目标

能够规范撰写软件开发过程基本技术文档，在项目开发过程中正确使用配置管理软件和项目管理软件 SPIF。

5. 课程内容框架

编号	模块	教学组织/项目/任务	学时数
M1	标准软件开发过程	单元 1-1：软件开发过程	4
M2	FNST 软件开发过程	单元 2-1：FNST 软件开发过程及共通工作	4
M3	配置管理	单元 3-1：配置管理的基本内容	4
M4	配置管理软件	单元 4-1：常见配置管理软件 单元 4-2：TortoiseSVN 基本操作	8
M5	SPIF 的基本概念	单元 5-1：SPIF 的背景和主要功能	4
M6	SPIF 的基本操作	单元 6-1：SPIF 项目的建立 单元 6-2：SPIF 项目的实施	8

模块的形式：

（1）知识块

（2）技能块

（3）组织形式：项目（模块）、情境、案例

6. 课程内容列表

编号	模块	教学内容（单元）	单元教学设计及内容概要	学生练习
1	标准软件开发过程	单元 1-1：软件开发过程	任务 1：过程的概念 任务 2：开发过程的各个阶段 任务 3：各个阶段的开发文档	
2	FNST 软件开发过程	单元 2-1：FNST 软件开发过程及共通工作	任务 1：FNST 开发过程各个阶段 任务 2：各个阶段的开发文档 任务 3：共通工作	

续表

编号	模块	教学内容（单元）	单元教学设计及内容概要	学生练习
3	配置管理	单元 3-1：配置管理的基本内容	任务 1：配置管理的意义和目标 任务 2：配置管理的基本概念 任务 3：配置管理的基本工作 任务 4：配置管理的基本流程	
4	配置管理软件	单元 4-1：常见配置管理软件	任务 1：常见配置软件的特点 任务 2：锁定—修改—解锁 任务 3：复制—修改—合并	
5	配置管理软件	单元 4-2：Tortoise SVN 基本操作	任务 1：TortoiseSVN 基本操作 任务 2：冲突的处理方法	
6	SPIF 的基本概念	单元 5-1：SPIF 的背景和主要功能	任务 1：SPIF 的发展历程 任务 2：SPIF 的基本理念 任务 3：SPIF 的主要功能	
7	SPIF 的基本操作	单元 6-1：SPIF 项目的建立	任务 1：SPIF 软件安装 任务 2：SPIF 项目的建立	
8	SPIF 的基本操作	单元 6-2：SPIF 项目的实施	任务 1：SPIF 项目的跟踪监控 任务 2：SPIF 项目的日报管理 任务 3：SPIF 项目的评审管理 任务 4：SPIF 项目的测试管理	

7. 考核评价方案设计

评价阶段	评价方式与内容	评价占比
平时评价	1. 考勤	10%
	2. 发言表现	10%
其他评价形式	3. 平时大作业	30%
期末考试		50%

学生平时参考评价标准:

项目	评分标准
考勤	旷课1次扣2分,迟到一次扣1分,直到10分扣完
提问	优(8~10分):主动回答问题且回答正确 良(5~8分):主动回答且回答一般、被点名回答且回答正确 中下(0~5分):被点名回答且回答一般或不正确
作业	无故缺一次扣2分,直到10分扣完
实验	优(8~10分):态度认真,实验正确且有效 良(5~8分):态度认真,实验错误能部分解决 中(1~5分):态度一般或迟到,实验错误太多且大部分不能解决 下(0分):旷课、玩游戏

5.1.6 "外包企业文化及职业素养"课程教学总体设计方案

1. 课程说明

课程名称	外包企业文化及职业素养
课程团队教师	校企合作教学团队
所用专业	软件技术
教学地点	教一教学楼、教四机房、公司项目组
教学模式	讲授、实训辅导
教材全称	校本教材
合作企业	南京富士通南大软件技术有限公司
版本说明	1.2

(1) 学时:80学时

(2) 教学形式:■1∶1(讲授与实践);□学做合一

(3) 教学模式:项目、情景教学

(4) 以4节课为一个完整的教学单元,包括同步实践教学

2. 本课程在专业中的定位

与前导课程、后续课程的关系：

前导课程	后继课程
软件工程,外包软件过程及项目管理	无

学生总体学情分析：

班级名称		学生数	40
班级学生来源	单独招生、高中、单招		
前导课程名称 学习成绩及学习效果分析	软件工程,外包软件过程及项目管理； 学习成绩一般,需要将以前学过的知识进行引导复习 和综合应用,提高对所学知识的应用能力和熟练度		
班级学风情况	整体学风良好,个别学习有困难		

3. 教学目标(能力)

(1) 能力目标

使学生了解外包企业文化,掌握职业素养和团队训练基本理论,锻炼实践技能,着重培养学生良好的职业素养和团队合作精神。通过对外包企业文化、职业道德、团队精神、职业能力等方面的学习,使学生具备基本职业素养,满足软件外包企业对员工基本职业素养和团队合作能力要求。

锻炼学生的沟通交流能力、理解文档的能力、协作能力。

(2) 知识目标

通过学习,学生能够掌握外包企业文化,提高职业素养,培养团队精神。

◆ 理解企业文化；

◆ 人际交往和协商沟通能力；

◆ 工作中与他人的团队合作能力；

◆ 创新和逻辑思维能力；

◆ 职业发展和规划能力；

◆ 良好的职业道德和规范、安全、环保、成本和质量意识；

♦ 良好的心理素质和克服困难与挫折的能力。

4. 课程内容设计

序号	教学项目（单元能力）	工作任务的内容设计	参考课时
1	外包企业文化	任务1：欧美IT企业的工作方式和规章制度 任务2：欧美IT企业的商务礼仪 任务3：日本IT企业的工作方式和规章制度 任务4：日本IT企业的商务礼仪	12
2	职业与职业理想	任务1：培养职业兴趣 任务2：了解职业性格与职业性格发展 任务3：认识职业生涯设计	8
3	职业能力的培养	任务1：培养创新能力 任务2：培养逻辑思维能力 任务3：管理项目的能力 任务4：知识基础的学习	16
4	职业道德的培养	任务1：了解职业道德的含义 任务2：了解职业道德的基本规范 任务3：了解各行业职业道德规范 任务4：养成职业道德行为	10
5	职业意识的培养	任务1：培养责任意识 任务2：培养工作规范意识与质量意识 任务3：培养服务意识与沟通意识 任务4：培养团队合作意识 任务5：培养劳动关系与权益保护意识	24
6	职业规划与发展	任务1：了解职业规划和员工发展对企业和个人的重要性 任务2：在模拟条件下制定个人职业目标和发展计划 任务3：掌握做好职业规划的关键	10
总　计			80

模块的形式：

(1) 知识块

(2) 技能块

(3) 组织形式：项目（模块）、情境、案例

5. 考核评价方案设计

考核项目		考核方法	比例
过程考核	态度纪律	根据作业完成情况、课堂回答问题、课堂实践示范情况，由教师和学生干部综合评定学习态度的得分； 根据上课考勤情况，由教师和学生干部评定纪律得分	20%
	课堂实践	根据学生实践情况，由学生自评、他人评价和教师评价相结合的方式评定成绩； 根据完成的时间、功能的完善程度、是否有创新由小组长评价和教师抽评相结合的方式评定成绩	40%
结果考核	期末考试	由教师评定笔试成绩	40%
合　计			100%

6. 参考资料

(1)《IT 职业素养》，陈守森，电子工业出版社，2009-4

(2)《基本职业素养》，马峰，胡广龙 ，天津大学出版社，2012-9

5.1.7 "外包流程与规范"课程教学总体设计方案

1. 课程说明

课程名称	外包流程与规范
课程团队教师	校企合作教学团队
所用专业	软件技术
班级	
教学地点	教一教学楼、教四机房、公司项目组
教学模式	讲授、实训辅导

续表

教材全称	校本教材
合作企业	南京富士通南大软件技术有限公司
版本说明	1.2

（1）学时：48 学时

（2）教学形式：□1∶1（讲授与实践）；■学做合一

（3）教学模式：项目、情景教学

（4）以 4 节课为一个完整的教学单元，包括同步实践教学

2. 本课程在专业中的定位

（1）与前导课程、后续课程的关系

前导课程	后继课程
"软件工程与项目实践" "日企文化及职业素养"等	"生产性项目演习开发" "企业外包业务领域知识"

（2）与职业岗位的对应关系

软件测试员/程序员

3. 学生总体学情分析

班级名称		学生数	40
班级学生来源	单独招生、高中、单招		
前导课程名称 学习成绩及学习效果分析	"软件工程与项目实践""日企文化及职业素养"等； 学习成绩一般，需要将以前学过的知识进行引导复习 和综合应用，提高对所学知识的应用能力和熟练度		
班级学风情况	整体学风良好，个别学习有困难		

4. 教学目标（能力）

（1）能力目标

软件服务外包工作对编程人员的规范性要求非常严格，本课程通过规范的
业务流程的学习，培养软件开发人员的岗位能力所需的技能：掌握软件外包流

程知识,能够按照软件外包流程规范进行软件开发,能够根据文档独立地完成小模块的设计与编码,保持良好的接口规范。同时培养吃苦耐劳、爱岗敬业、团队协作的职业精神和诚信、善于沟通与合作的良好品质,为发展职业能力奠定良好的基础。

锻炼学生的沟通交流能力、理解文档的能力、协作能力。

（2）知识目标

了解软件服务外包的起源和发展趋势,掌握软件服务外包项目中的沟通方法,掌握软件服务外包项目中如何理解需求,如何确认需求,理解软件服务外包的商务谈判要点,掌握软件服务外包项目的实施过程,掌握软件服务外包项目的验收方式和验收要点,掌握项目完成后的扫尾工作,文档整理与后期维保。

5. 课程内容设计

序号	教学项目（单元能力）	工作任务的内容设计	参考课时
1	外包服务概述	任务 1：外包的起源 任务 2：外包的分类与特点 任务 3：外包的发展与趋势	4
2	外包项目中的沟通	任务 1：电子邮件的应用 任务 2：项目会议 任务 3：电话会议礼仪 任务 4：Q&A 的应用	6
3	外包项目中的需求确认	任务 1：需求初步沟通 任务 2：需求讨论方式 任务 3：需求文档 任务 4：需求评审 任务 5：需求确认	10
4	外包项目的商务谈判	任务 1：合同的注意事项 任务 1-1：双方的权、责、利 任务 1-2：付款方式 任务 1-3：知识产权、保密协议 任务 1-4：沟通机制及开发周期 任务 2：技术方案确认	6

续表

序号	教学项目 （单元 能力）	工作任务的内容设计	参考课时
5	外包项目 的实施 过程	任务 1：概要设计与详细设计 任务 2：编码 任务 3：测试	10
6	外包项 目的验收	任务 1：项目中期检查 任务 2：用户测试与验收 任务 3：项目评价	8
7	文档整理 与后期 维保	任务 1：产品提交 任务 2：文档整理与总结	4

模块的形式：

（1）知识块

（2）技能块

（3）组织形式：项目（模块）、情境、案例

6. 考核评价方案设计

考核项目		考核方法	比例
过程考核	态度纪律	根据作业完成情况、课堂回答问题、课堂实践示范情况，由教师和学生干部综合评定学习态度的得分； 根据上课考勤情况，由教师和学生干部评定纪律得分	20%
	课堂实践	根据学生实践情况，由学生自评、他人评价和教师评价相结合的方式评定成绩； 根据完成的时间、功能的完善程度、是否有创新由小组长评价和教师抽评相结合的方式评定成绩	40%
结果考核	期末考试	由教师评定笔试成绩	40%
		合　计	100%

7．参考资料

（1）《信息技术服务外包　第 1 部分：服务交付保障通用要求》，信息技术服务标准工作组服务外包组，2010.2；

（2）《信息技术服务外包　第 2 部分：数据（信息）保护规范》，信息技术服务标准工作组服务外包组，2010.2；

（3）《信息技术、系统与服务的外包》，电子工业出版社，（美）罗伯特·克莱伯，等，杨波，等译，2003.4；

（4）《软件外包服务技术》，中国劳动社会保障出版社，上海市职业培训研究发展中心，等编，2011.10；

（5）《软件服务外包概论》，化学工业出版社，赵艳红主编，2012.11

5.2　核心课程教学单元设计 <<<<<

5.2.1　"外包日语"课程单元教学设计

课程名称	外包日语
教学单元名称	UNIT1："私は田中です"
本单元学时数	16 课时
课程教学团队	校企合作教学团队
学习目标分析	（围绕整体预设能力目标所确定的本单元能力培养的阶段性目标，从知识、技能、态度三个方面阐述能力目标、认知目标、情感目标） 1．专业能力目标 ◆ 较系统、全面地了解日本自我介绍语句，文化礼仪及注意事项，尤其是日本人在不同场合的日常用语等； ◆ 掌握相关词语和语法的学习运用。 （1）方法和学习能力 　　学生学会扩展相应的文化知识信息的收集和处理能力 （2）个人和社会能力 　　使学生认识、了解日本初次见面的礼仪文化、学会尊重异国文化，并且探索中华文化的渊源，发扬我们民族的优良传统，注重文化有教养的人

续表

学习者分析	（学习者的初始能力与特征分析） 本课受体为大一年级学生，在以往日语学习中较少涉及文化知识的学习学生必须具备的知识和技能 ◆ 学生均为初学者，在学习日语基础会话的同时，也要渗透日本礼仪文化
学习内容分析	（从本单元知识、技能、态度等相互关系出发，分析完成学习目标所需的教学内容范围、深度与学习情景设计） ◆ 日本人自我介绍的日常用语 ◆ 日本的自我介绍时的礼仪
教学策略	◆ 以项目引导为切入点，以典型的案例进行教学，在教学中利用教学设备结合图像、音频资料等材料进行演示教学 ◆ 通过日本的自我介绍礼仪，引导学生懂得日语日常用语的意义。从而使学生了解日本文化礼仪，达到学会异国文化共荣的目的
学习成果	（具体学习体现成果形式） ◆ 完成作文——运用本单元的出现的词汇与表达方式完成 ◆ 按要求完成关于日本饮食礼仪会话
教学评价	（评价要点、评价标准及评价方法） ◆ 完成作文——新知识的灵活运用 ◆ 按要求完成关于日本自我介绍会话，培养学生的实际运用能力，会话的自由组合又可以培养学生的创新能力

教学过程设计

步骤	教学内容	教学方法	教学资源	学生活动
明确任务/ 知识准备	1. 相关词汇和语法知识点准备，尤其是自我介绍的词语与表达方式； 2. 引导学生谈论中日自我介绍的不同点——中国和日本进行对比； 3. 根据大家的谈论，引导出本课话题，明确本课学习目标，说明本课重点和难点	引导教学法 任务教学法	多媒体课件； 场景的图片； 音像资料	任务实施—分小组讨论发表

续表

步骤	教学内容	教学方法	教学资源	学生活动
项目引导	1. 通过课文第一部内容的学习，掌握自我介绍时的日常用语； 2. 以日本人自我介绍为案例进行教学	任务驱动法 案例教学法 演示教学法	同上	课堂对话和讨论，教师讲解和指导个别同学演示
操作训练	1. 编写并完成介绍用语的对话练习； 2. 本课的重点单词和句型的分析讲解，并要求能造句； 3. 进行日语自我介绍场景会话练习	任务驱动法 案例教学法 演示教学法	同上	在教师指导下分组进行会话练习，完成组词造句作业任务
知识深化	1. 了解日本和中国的介绍文化差别； 2. 了解日本特有的习惯和相关文化知识	引导教学法 演示教学法	同上	发言讨论
归纳总结	根据日本人文化中的风俗习惯，了解日本人的历史、性格，加深对相关文化知识的理解和掌握，便于今后的学习、生活、交际	引导教学法		
作业	作文、会话练习			
课后体会	1. 教师要善于发现学生思维的闪光点，鼓励学生自由讨论和口头表达； 2. 利用实物教学设备展示图片、播放相关音频资料，加深同学们的视觉印象，将同学感到很抽象的内容具体化、形象化，能达到较好的教学效果。 3. 情景会话练习，能深化理解，激发学生积极性，提高课堂学习效率			

5.2.2 "Web 应用开发"课程单元教学设计

课程名称	Java Web 应用开发
教学单元名称	JSP 动作元素
本单元学时数	4
课程教学团队	校企合作教学团队
学习目标分析	1. 专业能力目标： 1) 学会使用 include 动作 2) 学会使用 forward 动作 3) 学会使用 plugin 动作 4) 了解 JavaBean 和 param 动作 2. 认知目标： 理解电子商城的首页设计中 JSP 动作元素的使用 3. 情感目标： 1) 学生学会提高团队的工作能力 2) 学生学会积极参与讨论和设计 3) 学生学会扩展信息的收集和处理能力
学习者分析	■ 学习者已掌握了 Java 程序设计的思想和方法； ■ 学习者已对动态网站有了一定的配置和运行经验； ■ 学生的主动学习习惯能力养成不足，自学能力较差，很少有课后复习和课前预习的习惯
学习内容分析	教学情景设计：电子商城首页的相关实现 通过学习电子商城首页的相关设计熟悉和掌握 JSP 动作元素的应用。 ■ 熟悉 JSP 动作元素 include,forward 和 plugin 的使用方法； ■ 了解 JavaBean 和 param 元素
教学策略	■ 通过典型案例进行教学，在教学中利用实际编程进行演示教学； ■ 由教师讲解技术要点，学生通过动手操作来完成学习任务
学习成果	EBook 网上书店系统的版权信息页面和导航栏页面的相关代码
教学评价	评价要点：JSP 页面代码编写 评价标准：能完成 EBook 网上书店系统的版权信息页面和导航栏页面的相关设计 评价方法：上机操作、回答问题、小组讨论

教学过程设计

步骤	教学内容	教学方法	教学资源	学生活动
明确任务/知识准备	明确本次课程单元的任务:学会使用 JSP 动作元素	讲授 设问 引导	教师的教案、讲稿、电子课件、学生随堂用学习资料	
项目引导	1. 给出一个程序说明如何在 JSP 中应用 JSP 动作元素; 2. 以一些简单的案例进行演示	演示 启发 提问 讨论	同上	
操作训练	任务 1:通过一个简单程序学会 JSP 动作元素的基本使用方法; 任务 2:完成 EBook 网上书店系统的版权信息页面和导航栏页面的相关设计部分	任务驱动 教师示范 重点讲解 个别辅导 引导教学 重点讲解	同上	回答问题 在教师的指导下实际操作,完成训练任务
知识深化	进一步理解 include 指令元素与 include 动作的区别	引导教学 重点讲解	同上	
归纳总结	通过实际操作,学生能掌握 JSP 动作元素,能够编写 EBook 网上书店系统的相关页面,并对出现的问题进行分析	引导教学	同上	
作业	教师布置的练习题			
课后体会	教师要善于发现学生思维的闪光点,鼓励学生提出问题和动手编写。 让学生自己动手练习,学会在 JSP 中应用 JSP 动作元素,提高学习兴趣和教学效果。 利用教师设计的练习题,提高学生的作业质量			

5.2.3 "编程能力强化与深化"课程单元教学设计

课程名称	编程能力强化与深化
教学单元名称	Struts2 框架的 MVC 实现
本单元学时数	2
课程教学团队	校企合作教学团队
学习目标分析	(围绕整体预设能力目标所确定的本单元能力培养的阶段性目标,从知识、技能、态度三个方面阐述能力目标、认知目标、情感目标) 1. 专业能力目标: 　理解 MVC 模式 2. 认知目标: 　Struts2 框架的 MVC 实现 3. 情感目标: 　1) 学会提高团队的工作能力 　2) 学会积极参与讨论和设计 　3) 学会扩展信息的收集和处理能力
学习者分析	(学习者的初始能力与特征分析) ◆ 学习者已了解 Java 的基本语法,具备基本的程序编写能力; ◆ 学习者对 JDBC 有一定的理解; ◆ 学生的主动学习习惯能力养成不足,自学能力较差,很少有课后复习和课前预习的习惯
学习内容分析	(从本单元知识、技能、态度等相互关系出发,分析完成学习目标所需的教学内容范围、深度与学习情景设计) 1. 教学内容范围的分析 本单元的教学内容限定在 struts 框架的基本知识,其中理解 struts 框架、学会配置 struts 框架和配置 web.xml 文件 2. 教学深度的分析 本教学单元的教学深度为初级,其中:对 struts 框架的结构理解,这部分内容可通过具体的实例进行反复讲解,其余内容以后会多次提及,目前只需要有一定的概念就可以了 3. 学习情景设计 本单元采用"学做合一""案例教学"的形式组织教学。 学生实训在专业机房进行。通过上机实践,理解相关的教学内容

续表

教学策略	（学习组织形式与方法、教学设施与媒体选择、针对不同类型学生采用的不同教学活动） 1. 学习组织形式与方法 　（1）struts 框架的基本概念、struts 的设计 　采用集中讲授的方式，由教师讲解基本概念，重点介绍表示层设计的编程技术。 　（2）持久层的解耦和设计 　在专业机房使用 IDE 集成开发环境，通过一个典型案例边讲边练，帮助学生理解 struts 结构。 2. 教学设施与媒体选择 　学生用计算机设备，保证每个学生人手一台计算机，计算机安装 Eclipse 或其他带有 IDE 开发环境，实训工作室网络设备保证网络连接通畅；实训室配备教师用多媒体教学设备和电子教学白板。 3. 针对不同类型学生采用的不同教学活动 　成立学生实训小组，选派工作能力强、具有较高技术水平的学生担任小组负责人，承担部分实训内容的指导任务； 　对于学习基础较差的同学，指派学习基础较好的学生实行一帮一互助，教师应对这部分学生特别关注，加强指导力度
学习成果	（具体学习体现成果形式） Struts 实例运行
教学评价	（评价要点、评价标准及评价方法） 评价要点：Struts 实例 评价标准：代码的正确运行 评价方法：上机操作、回答问题、小组讨论

教学过程设计

步骤	教学内容	教学方法	教学资源	学生活动
明确任务/ 知识准备	1. 引导学生讨论 MVC 模式的作用； 2. 根据学生的讨论，引出 struts 模式的使用； 3. 明确本次课程单元的任务：理解 struts 结构	讲授 设问 引导	课件 演示	讨论

续表

步骤	教学内容	教学方法	教学资源	学生活动
项目引导	通过提问引出 MVC 模式的基本原理;以及 Model 的主要作用	演示 启发 提问 讨论	课件演示	回答问题
操作训练	任务 1:设计登陆的用例; 任务 2:讨论登陆功能的实现; 任务 3:讨论如何对此功能进行重构实现解耦合。 训练项目: 1. 登陆功能	提问 教师示范 重点讲解 个别辅导	课件 演示 代码	回答问题 学生模仿 学生实际操作
知识深化	MVC 的基本概念; 登陆的代码实现; Struts 的各个组成部分	启发 重点讲解	课件演示	
归纳总结	根据一个典型用例的逐步构建,使学生能逐步理解 struts 框架的组成,同时根据讲解实现代码的编写,并对出现的问题进行分析	引导教学	演示代码	
作业	编写调试登陆模块的代码			
课后体会	教师要善于发现学生思维的闪光点,鼓励学生提出问题和动手编写。 利用一些 UML 工具软件,让学生自己动手绘制,掌握代码的编写,提高学习兴趣和教学效果。 利用教师设计的练习题,提高学生的作业质量			

5.2.4 "测试技法"课程单元教学设计

<table>
<tr><td colspan="4" style="text-align:center">单元 1　软件质量保证</td></tr>
<tr><td>授课教师:软件测试课程组</td><td>授课班级:</td><td colspan="2">单元总学时:4</td></tr>
<tr><td>教学条件</td><td colspan="3">软件开发平台、投影设备、广播软件、互联网</td></tr>
<tr><td>教学素材</td><td colspan="3">参考教材、课件、授课录像</td></tr>
</table>

续表

教学目标		
知识目标: 1. 了解软件质量保证,QA,QC; 2. 理解 CMM/CMMI 的基本内容; 3. 理解软件质量铁三角	能力目标: (1)能够初步编写测试用例	
教学内容设计	任务 1:了解软件质量保证,QA,QC; 任务 2:理解 CMM/CMMI 的基本内容; 任务 3:理解软件质量铁三角	
重点:软件质量保,QA,QC,CMMI	难点:CMMI	
课后作业	1. 进一步了解并简述软件质量管理中软件质量保证和软件质量控制之间的区别和联系; 2. 进一步了解并简述软件测试在软件质量管理中的作用	

教学过程设计

任务:正确理解和认识软件质量的概念及质量保证体系(4 课时)

主要步骤	教学内容	教学方法	教学手段	学生活动
引入	什么是软件质量	教师启发		认真听讲 参与发言
告知 (教学内容、 目的)	1. 软件质量与软件缺陷和软件可靠性; 2. 软件能力成熟度模型; 3. 软件测试成熟度模型	启发提问 操作讲解 案例演示	项目演示	认真听讲
任务简介	了解软件质量管理; 了解软件能力成熟度模型; 了解软件测试成熟度模型	讨论归纳	课件演示	认真听讲 参与发言
任务分析	通常在一般的中小企业中会不将软件测试与软件质量保证加以细分,软件测试人员也叫做质量保证人员即 QA,但是软件测试和软件质量保证是软件质量工程的两个不同层面的工作,两者既有联系,又有区别 本任务在于让大家了解软件质量的概念,了解软件质量体系和软件测试成熟度模型	讨论归纳	课件演示 小组讨论	认真听讲 参与发言 分组讨论

续表

主要步骤	教学内容	教学方法	教学手段	学生活动
支撑知识	1. 软件缺陷； 2. 软件可靠性； 3. 软件质量	讲解归纳	课件演示	认真听讲 参与发言
示范操作	1. 了解软件质量管理； 2. 了解软件能力成熟度模型； 3. 了解软件测试成熟度模型	讲解	示范	认真听讲 参与发言
任务实施	1. 了解软件质量管理； 2. 了解软件能力成熟度模型； 3. 了解软件测试成熟度模型	动手实践	分组实践	小组讨论 动手实践
分享交流	对软件质量管理的理解	个别演示	分组讨论	个别演示 分享交流
课程总结	Burnstein 博士提出的 TMM, 依据 CMM 的框架提出测试的五个不同级别, 关注于测试的成熟度模型。TMM 描述了测试过程, 是项目测试部分得到良好计划和控制的基础	教师讲解	课件演示	认真听讲
课后作业	拓展训练： 1. 进一步了解并简述软件质量管理中软件质量保证和软件质量控制之间的区别和联系； 2. 进一步了解并简述软件测试在软件质量管理中的作用		分组学习	拓展实训 递交代码 及报告

单元 2　软件测试原理

授课教师:软件测试课程组		授课班级:		单元总学时:4
教学条件	软件开发平台、投影设备、广播软件、互联网			
教学素材	参考教材、课件、授课录像			

续表

教学目标				
知识目标： 1. 理解软件开发与软件测试各阶段的联系、测试与开发的并行特征、软件测试模型； 2. 理解软件测试的分类、原则、策略和流程		能力目标： 1. 能理解现有测试用例； 2. 能够初步编写测试用例		
教学内容设计	任务 1：理解软件工程和软件测试的联系及软件测试模型； 任务 2：理解软件测试的分类、原则、策略和流程			
重点：软件测试各阶段、软件测试的分类、原则、策略和流程		难点：软件测试成熟度模型		
课后作业	1. 进一步了解并简述软件测试定义的演变过程和测试意义的演变； 2. 进一步了解并简述软件开发的几个模式，并说明每种模式对软件测试的影响； 3. 进一步了解并简述冒烟测试和随机测试的含义和应用场合； 4. 进一步了解并简述软件测试工程师的素质要求			

教学过程设计

任务 1：理解软件工程和软件测试的联系及软件测试模型（2 课时）

主要步骤	教学内容	教学方法	教学手段	师生活动
引入	什么是软件测试	教师启发		认真听讲
告知 （教学内容、目的）	1. 软件测试的定义、历史； 2. 软件测试与软件工程的对应关系； 3. 软件测试模型	讲解	课件演示	认真听讲
任务简介	了解软件测试的历史发展过程和软件测试的现状。 了解软件测试与软件工程各阶段的联系 了解软件测试模型	讨论归纳	课件演示	认真听讲 参与发言
任务分析	作为第一个项目的第一个任务，首先我们要了解软件测试的含义和概念，这需要从软件测试的历史发展阶段来把握。也要从软件工程的角度来把握。我们需要了解软件测试的历史和现状，它的背景和意义。也要了解软件测试和软件工程的联系。了解现在常见的软件测试模型	讨论归纳	课件演示 小组讨论	认真听讲 参与发言 分组讨论

续表

主要步骤	教学内容	教学方法	教学手段	师生活动
支撑知识	1. 软件测试； 2. 软件工程	讲解归纳	课件演示	认真听讲 参与发言
示范操作	1. 了解软件测试的历史； 2. 了解与软件工程的联系； 3. 了解软件测试模型	讲解	示范	认真听讲 参与发言
任务实施	1. 了解软件测试的历史发展过程和软件测试的现状； 2. 了解软件测试与软件工程各阶段的联系； 3. 了解软件测试模型	动手实践	分组实践	小组讨论 动手实践
分享交流	各组对软件测试的理解	个别演示	分组讨论	个别演示 分享交流
课程总结	1. 软件测试的发展经历了从最初的软件调试→独立的软件测试→软件测试定义的讨论→软件测试成为专门的学科→与软件开发融合的发展历程，目前软件测试进入了快速发展的轨道，自动化测试应用广泛，测试技术不断细分； 2. 软件测试与软件开发的各阶段是一一对应的，且具有和软件开发并行的特性； 3. 软件测试模型主要有 V 模型、W 模型、X 模型、H 模型和前置模型	教师讲解	课件演示	认真听讲
课后作业	拓展训练： 1. 进一步了解并简述软件测试定义的演变过程，和测试意义的演变； 2. 进一步了解并简述软件开发的几个模式，并说明每种模式对软件测试的影响		分组学习	拓展实训 递交代码 及报告

续表

教学过程设计				
任务 2：理解软件测试的分类、原则、策略和流程（2 课时）				
主要步骤	教学内容	教学方法	教学手段	学生活动
引入	有哪些软件测试的分类和原则	教师启发		认真听讲 参与发言
告知 （教学内容、目的）	1. 软件测试的分类； 2. 软件测试的原则； 3. 软件测试的流程	启发提问 操作讲解 案例演示	项目演示	认真听讲
任务简介	1. 了解软件测试的分类； 2. 了解软件测试的原则； 3. 了解软件测试的流程	讨论归纳	课件演示	认真听讲 参与发言
任务分析	软件测试有很多种分类方法，前人也总结出了许多软件测试的原则。 此外，作为第一章的最后一部分我们将要真正了解软件测试的整个流程，了解软件测试的全过程。并真正实施一次软件测试	讨论归纳	课件演示 小组讨论	认真听讲 参与发言 分组讨论
支撑知识	1. 测试用例； 2. 测试环境	讲解归纳	课件演示	认真听讲 参与发言
示范操作	1. 了解软件测试的分类； 2. 了解软件测试的原则； 3. 了解软件测试的流程	讲解	示范	认真听讲 参与发言
任务实施	1. 了解软件测试的分类； 2. 了解软件测试的原则； 3. 了解软件测试的流程	动手实践	分组实践	小组讨论 动手实践
分享交流	尝试编写测试用例	个别演示	分组讨论	个别演示 分享交流
课程总结	软件测试涉及技术和管理两个层面的工作，看似头绪纷繁，实际只要了解测试的主线，就能清楚了解每个阶段不同角色的职责。本任务主要从宏观上来介绍软件测试的各个角度的分类，软件测试的原则和软件测试的流程	教师讲解	课件演示	认真听讲

续表

主要步骤	教学内容	教学方法	教学手段	学生活动
课后作业	拓展训练： 1. 进一步了解并简述冒烟测试和随机测试的含义和应用场合； 2. 进一步了解并简述软件测试工程师的素质要求		分组学习	拓展实训递交代码及报告

5.2.5 "外包软件过程及项目管理"课程单元教学设计

教学单元名称	任务 6-1 SPIF 项目的建立
学习目标	（围绕整体预设能力目标所确定的本单元能力培养的阶段性目标，从知识、技能、态度三个方面阐述能力目标、认知目标、情感目标） 1. 专业能力目标： 　（1）掌握 SPIF 软件的部署 2. 认知目标： 　（1）掌握 SPIF 安装环境搭建 　（2）掌握 SPIF 的安装 　（3）掌握 SPIF 项目的建立流程 3. 情感目标： 　（1）学会提高团队的工作能力 　（2）学会积极参与讨论和设计 　（3）学会扩展信息的收集和处理能力
学习内容	★ 教学内容 1. 课程的总体要求 2. SPIF 的安装环境 3. SPIF 安装和部署 4. SPIF 项目的建立方法 ★ 拓展内容 1. 安装最新版 SPIF，安装并设置环境变量
教学策略与教学方法	（学习组织形式与方法、教学设施与媒体选择、针对不同类型学生采用的不同教学活动） ★ 以典型案例进行教学。 ★ 通过典型案例进行教学，引导学生分析具体案例的要求，利用 SPIF 进行项目管理框架的搭建

续表

教学过程设计 (可作附件)	★ 明确任务/知识准备 1. 项目案例引导 　■ 介绍 SPIF 的安装环境 　■ 介绍 SPIF 项目的建立方法	
	1. 操作训练 　(1) SPIF 的安装环境的搭建 　　■ 安装 JDK1.6 版本 　　■ 安装 MySQL 5.x 　　■ 安装 Tomcat 5.x 　(2) SPIF 安装和部署 　　■ 演示 SPIF 安装步骤 　　■ 演示 SPIF 部署步骤 2. SPIF 项目的建立方法 　■ SPIF 系统数据初始化 　■ SPIF 新建项目 3. 知识深化 　(1) 项目计划编辑	
	1. 归纳总结 通过实际操作,使学生能掌握 SPIF 安装环境的搭建, SPIF 的部署和新建项目。 2. 作业 自行安装 SPIF,使用 SPIF 新建项目	
	重点与难点分析 重点:SPIF 的部署和新建项目。 难点:SPIF 安装环境的搭建	
课后体会	教师指出学生实践中可能出错和已经出错的地方,结合教学重点和难点,对所学知识进一步强化	

5.2.6　"外包企业文化及职业素养"课程单元教学设计

单元4　培养服务意识与沟通意识

授课教师:	授课班级:	单元总学时:4
教学条件	投影设备、广播软件、互联网	
教学素材	参考教材、课件、授课录像	

续表

教学目标	
知识目标： 1. 掌握沟通的定义、要素、动力、基本方式、原则、意义、障碍等基本知识	能力目标： ◆ 掌握表达与倾听的技巧； ◆ 掌握与上级、与同事沟通的技巧； ◆ 使学生能够在未来的工作与生活中，灵活地运用所学的技能
教学内容设计	任务 1：与客户沟通； 任务 2：与同事协作； 任务 3：与领导沟通
重点：沟通的基本方式	难点：与客户沟通的技巧
课后作业	1. 如何给人良好的第一印象； 2. 如何利用或者避免多米诺效应

教学过程设计

任务　培养服务意识与沟通意识（4 课时）

主要步骤	教学内容	教学方法	教学手段	学生活动
引入	沟通的重要意义	教师启发		认真听讲 参与发言
告知 （教学内容、目的）	1. 与客户沟通； 2. 与同事协作； 3. 与领导沟通	启发提问 操作讲解 案例演示	项目演示	认真听讲
任务简介	掌握与客户沟通技巧； 了解如何与同事协作的方法； 了解与领导沟通的方法	讨论归纳	课件演示	认真听讲 参与发言
任务分析	企业在经营管理和日常事务中，由于人与人之间、部门与部门之间缺乏沟通和交流，常常会遇到一些磨擦、矛盾、冲突、误解。这将影响到公司的气氛，员工的士气、组织的效率，使企业难以形成凝聚力，人为内耗成本增大，甚至导致企业死亡。因此，如何增进沟通就非常重要	讨论归纳	课件演示 小组讨论	认真听讲 参与发言 分组讨论

续表

主要步骤	教学内容	教学方法	教学手段	学生活动
支撑知识	1. 软件缺陷； 2. 软件可靠性； 3. 软件质量	讲解归纳	课件演示	认真听讲 参与发言
任务实施	1. 掌握与客户沟通技巧； 2. 了解如何与同事协作的方法； 3. 了解与领导沟通的方法	动手实践	分组实践	小组讨论 动手实践
分享交流	对沟通的理解	个别演示	分组讨论	个别演示 分享交流
课程总结	沟通能力包含着表达能力、争辩能力、倾听能力和设计能力（形象设计、动作设计、环境设计）。沟通能力看起来是外在的东西，而实际上是个人素质的重要体现，它关系着一个人的知识、能力和品德	教师讲解	课件演示	认真听讲
课后作业	拓展训练： 1. 如何给人良好的第一印象； 2. 如何利用或者避免多米诺效应		分组学习	拓展实训 递交代码 及报告

5.2.7 "外包流程与规范"课程单元教学设计

单元 1　外包服务概述

授课教师:外包流程与规范课程组		授课班级：	单元总学时:4
教学条件	软件开发平台、投影设备、广播软件、互联网		
教学素材	参考教材、课件、授课录像		

教学目标

知识目标： 1. 了解外包的起源； 2. 理解外包的分类与特点； 3. 理解外包的发展与趋势	能力目标： 1. 能够了解外包和其他软件开发的不同

续表

教学内容设计	任务 1：了解外包的起源； 任务 2：理解外包的分类与特点； 任务 3：理解外包的发展与趋势			

重点：外包的分类与特点	难点：欧美外包和日本外包的不同点
课后作业	进一步了解中国软件外包的发展

教学过程设计

任务　正确理解和认识软件质量的概念及质量保证体系(4 课时)

主要步骤	教学内容	教学方法	教学手段	学生活动
引入	什么是软件外包	教师启发		认真听讲 参与发言
告知 (教学内容、 目的)	1. 软件外包的起源； 2. 软件外包的分类与特点； 3. 软件外包的发展与趋势	启发提问 操作讲解 案例演示	项目演示	认真听讲
任务简介	了解软件外包的发展：过去现在和未来； 了解中国在软件外包领域中的地位； 了解软件外包对于中国的机遇和挑战	讨论归纳	课件演示	认真听讲 参与发言
任务分析	本任务着重考虑软件外包和正常的软件开发项目的不同之处。通过软件外包的发展以及软件外包主要的发包方和承包方的不同特点来理解它和其他软件开发项目的不同	讨论归纳	课件演示 小组讨论	认真听讲 参与发言 分组讨论
支撑知识	1. 软件外包； 2. 分包； 3. 总包； 4. 承包方；发包方	讲解归纳	课件演示	认真听讲 参与发言
示范操作	1. 讨论欧洲、美国和日本等主要发包方的特点； 2. 讨论印度和中国作为承包方的不同特点	讲解	示范	认真听讲 参与发言

续表

主要步骤	教学内容	教学方法	教学手段	学生活动
任务实施	1. 了解软件外包的起源； 2. 理解外包的分类与特点； 3. 理解软件外包的发展与趋势	动手实践	分组实践	小组讨论 动手实践
分享交流	对中国软件外包行业的理解	个别演示	分组讨论	个别演示 分享交流
课程总结	软件外包已经成为发达国家的软件公司降低成本的一种重要的手段。软件外包的大幅度增长为人力资源成本相对较低的印度和中国带来了新的发展机会	教师讲解	课件演示	认真听讲
课后作业	拓展训练： （1）进一步了解中国软件外包的发展		分组学习	拓展实训 递交报告

5.3 综合实训   <<<<<

5.3.1 综合实训教学改革与建设的实施思路

优化实践教学是当前高等职业教育课程教学改革的关键与核心。综合实训是实践教学体系中一个重要的组成部分，是基于工作过程导向的人才培养模式改革的基本保障，不单是硬件条件的简单积累，也不是模式化分层组合，而是要面对人才培养的目标、定位，面对市场对人才结构、数量的需求，对培养学生职业素养和专业综合能力尤为重要，也是打造优秀教学团队的要求，面对人才培养体系架构下的有效运行与管理，构建基于训练专业群核心能力、反映软件外包专业的完整工作过程的"Java 电子商务系统设计实训"，构建基于激发学生创新能力课外创新兴趣活动的综合实训整体教学体系框架。

实践教学体系的建立，校内建设关键在理念，校外建设重点在组织，打破原有的学科性校内实践教学体系是提升综合实训效果的关键之一。在此认识的基础上，借鉴德国行动导向的先进理念，形成清晰的软件外包服务专业人才面

向职业岗位综合能力的培养思路和路线图,构建校内综合实训体系基本结构。

实训项目由配套教材、实训教师指导手册、学生学习手册、实训课内项目案例、微课视频构成。按照项目教学法、任务驱动法等要求制定课程实训指导手册和评价标准,引入富士通南大等共建单位的企业标准和企业文化。

将企业流程管理、职业素养纳入综合实训课程中,按照工作过程系统化的方式开发实训项目。具体按照以下三个步骤:首先确定专业典型工作任务,然后对典型工作任务进行分析,归纳出行动领域,再将行动领域转换为学习领域,根据职业特征和完整性思维将学习领域分解为主体学习单元,最后将学习单元按照行动过程进行教学设计。每个情境都是一个工作过程,可以分三个步骤进行操作:第一,确定该课程所对应的典型工作过程,梳理并列出这一工作过程的具体步骤;第二,对这个客观存在的典型工作过程进行教学化处理;第三,根据这个参照系确定三个以上的具体工作过程,按照平行、递进和包容的原则设计课程单元(学习情境)。将课程中开设的实验整合为突出单元能力和技能培养的实训项目,围绕综合实训项目开展专业教学并实现理论教学和实践教学的统一。

5.3.2 综合实训教师指导手册

1. Web 应用开发综合项目实训

(1) 实施计划安排

项目名称	完成需要时间	开始	结束	工序	项目验收和作业文件	备注
一、总体方案设计	3 天					
1. 技术要求研讨				1		
2. 讨论系统的功能				2	1. 需求分析简要说明文档	
3. 编写需求分析的大概模型				3	2. 系统的总体设计报告	
4. 讨论设计方案				4、31		
5. 确定最终需求				5		

续表

项目名称	完成需要时间	开始	结束	工序	项目验收和作业文件	备注
二、数据库的设计	1天				1. 数据库的 E-R 图 2. 数据库的脚本	
1. 数据库的需求分析				6		
2. 数据库的 E-R 图绘制				7、31		
3. 数据库的逻辑设计				8		
三、开发环境准备	1天				1. Struts 配置文件 2. Hibernate 配置文件	
1. 搭建开发环境				9		
2. 配置 Struts、Hibernate				10		
四、逻辑结构设计	2天				1. 用户模型类关系图 2. DAO 层的类图 3. Service 层的类图	
1. 逻辑结构分析				11		
2. 持久层 DAO 设计				12		
3. 逻辑层 Service 设计				13		
五、图书及分类管理模块设计	3天				代码清单	
1. 管理员登录设计				14		
2. 图书分类管理页面设计				15		
3. 图书分类管理设计				16		
4. 图书管理设计				17		
六、主页面与登录设计	1天				代码清单	
1. 主页面设计				18		
2. 用户登录处理设计				19		
七、图书查询及购买模块设计	3天				代码清单	

续表

项目名称	完成需要时间	开始	结束	工序	项目验收和作业文件	备注
1. 搜索图书设计				20		
2. 购物车设计				21		
3. 我的订单管理				22		
八、订单模块设计设计	2 天				代码清单	
1. 查看订单的设计				23		
2. 订单发货处理				24		
九、用户管理模块设计	1 天				代码清单	
1. 用户管理页面设计				25		
2. 用户管理处理				26		
十、单元测试	1 天				1. 调试记录 2. 测试报告	
1. 功能测试				27		
2. 边界测试				28		
十一、系统集成及发布	1 天					
1. 系统集成				29		
2. 系统发布				30		
十二、项目文档	1 天			4、7 10、11	1. 项目报告书(需求分析报告、总体设计方案、数据库设计、类图说明、程序清单等) 2. 使用说明书 3. 项目活动有关附表	
十三、项目完毕				31		

（2）综合实训项目指导细则

任务1:总体方案设计

日期	地点	任务	组织形式	学生工作任务	工作过程完成作业	教师指导要求
周一	机房	1. 技术要求研讨 2. 系统功能讨论 3. 系统需求分析	集中布置任务小组讨论	1. 熟悉项目设计任务 2. 了解系统功能 3. 小组讨论系统需求	1. 在理解的基础上写出项目的需求分析报告 2. 实训日记	1. 全班学生分组 2. 宣布纪律和注意事项 3. 布置实训任务 4. 组织讨论 5. 指导设计过程
周二	机房	1. 系统总体设计 2. 功能模块划分	小组讨论	1. 小组讨论系统的总体设计方案 2. 小组讨论功能模块划分	1. 系统的总体设计报告 2. 实训日记	1. 组织讨论 2. 指导总体设计过程
周三	机房	1. 技术方案讨论 2. 明确编程规范	小组讨论	1. 小组讨论技术方案 2. 确定编程规范	1. 系统的总体设计报告 2. 实训日记	点评技术方案的优缺点

任务2:数据库设计

日期	地点	任务	组织形式	学生工作任务	工作过程完成作业	教师指导要求
周四	机房	1. 数据库的需求分析 2. 数据库的E-R图绘制 3. 数据库的逻辑设计	小组讨论	1. 讨论数据库需要设计的表,绘制E-R图 2. 讨论每张表的字段,编写SQL脚本	1. 数据库E-R图 2. 数据库脚本描述 3. 实训日记	1. 组织讨论 2. 指导数据库设计过程

任务 3:开发环境准备

日期	地点	任务	组织形式	学生工作任务	工作过程完成作业	教师指导要求
周五	机房	1. 建立工程配置 2. 配置服务器 3. 配置 Struts 脚本 4. 配置 Hibernate 脚本	个人完成	1. 搭建开发环境 2. 配置服务器 3. 编写 Struts 脚本 4. 编写 Hibernate 脚本	1. 编写 Struts 配置文件 2. 编写 Hibernate 配置文件 3. 实训日记	1. 组织讨论 2. 指导开发环境配置过程

任务 4:逻辑结构设计

日期	地点	任务	组织形式	学生工作任务	工作过程完成作业	教师指导要求
周一	机房	1. 系统的逻辑结构分析 2. 持久层 DAO 设计	个人完成	1. 分析系统的逻辑结构 2. 定义持久层的 DAO 接口	1. 绘制用户模型类关系图 2. 绘制 DAO 层的类图 3. 实训日记	1. 组织讨论 2. 指导 DAO 层的设计
周二	机房	1. 逻辑层 Service 设计	个人完成	1. 进行 Service 层的接口设计	1. 绘制 Service 层的类图 2. 实训日记	1. 组织讨论 2. 指导 Service 层的设计 3. 指导考核活动 1 成绩

任务 5:图书及分类管理模块设计

日期	地点	任务	组织形式	学生工作任务	工作过程完成作业	教师指导要求
周三	机房	1. 进行管理员登录的设计 2. 系统管理主页面的设计	个人完成	1. 设计管理员登录页面 2. 设计系统管理主页面 3. 管理员登录的处理	1. 绘制用户模型类关系图 2. 绘制 DAO 层的类图 3. 实训日记	1. 组织讨论 2. 指导 DAO 层的设计

续表

日期	地点	任务	组织形式	学生工作任务	工作过程完成作业	教师指导要求
周四	机房	1. 图书分类管理页面的设计 2. 图书分类管理的设计	个人完成	1. 进行图书分类管理页面的设计 2. 添加分类、删除分类等功能的实现	1. 绘制 Service 层的类图 2. 实训日记	1. 组织讨论 2. 指导 Service 层的设计
周五	机房	1. 图书管理的设计	个人完成	1. 设计图书管理页面 2. 添加、查看、修改和删除图书功能的实现	1. 代码清单 2. 实训日记	1. 组织讨论 2. 指导代码编写及调试

任务 6:主页面与登录设计

日期	地点	任务	组织形式	学生工作任务	工作过程完成作业	教师指导要求
周一	机房	1. 系统主页面的设计 2. 用户登录处理的设计	个人完成	1. 进行主页面的设计 2. 处理用户登录的代码编写	1. 代码清单 2. 实训日记	1. 组织讨论 2. 指导代码编写及调试

任务 7:图书查询及购买模块设

日期	地点	任务	组织形式	学生工作任务	工作过程完成作业	教师指导要求
周二	机房	1. 搜索图书的页面设计 2. 搜索结果页面的设计	个人完成	1. 进行搜索页面的设计 2. 进行搜索结果页面的设计	1. 代码清单 2. 实训日记	1. 组织讨论 2. 指导代码编写及调试

续表

日期	地点	任务	组织形式	学生工作任务	工作过程完成作业	教师指导要求
周三	机房	1. 购物车页面设计 2. 购物车管理	个人完成	1. 进行购物车页面的设计 2. 进行购物车管理的代码编写	1. 代码清单 2. 实训日记	1. 组织讨论 2. 指导代码编写及调试
周四	机房	1. 我的订单管理	个人完成	1. 进行我的订单的代码编写	1. 代码清单 2. 实训日记	1. 组织讨论 2. 指导代码编写及调试

任务 8:订单管理模块设计

日期	地点	任务	组织形式	学生工作任务	工作过程完成作业	教师指导要求
周五	机房	1. 订单管理页面设计 2. 订单管理的功能设计	个人完成	1. 进行订单管理页面的设计 2. 进行订单管理的代码编写	1. 代码清单 2. 实训日记	1. 组织讨论 2. 指导代码编写及调试
周一	机房	1. 订单发货处理	个人完成	1. 订单发货处理的代码编写	1. 代码清单 2. 实训日记	1. 组织讨论 2. 指导代码编写及调试

任务 9:用户管理模块设计

日期	地点	任务	组织形式	学生工作任务	工作过程完成作业	教师指导要求
周二	机房	1. 用户管理页面设计 2. 用户管理处理	个人完成	1. 进行用户管理页面的设计 2. 进行用户管理处理的代码编写	1. 代码清单 2. 实训日记	1. 组织讨论 2. 指导代码编写及调试

任务 10:集成测试

日期	地点	任务	组织形式	学生工作任务	工作过程完成作业	教师指导要求
周三	机房	1. 功能测试 2. 边界测试	小组合作完成	1. 进行测试用例的编写 2. 进行单元及功能测试	1. 编写测试报告 2. 实训日记	1. 组织讨论 2. 指导测试用例的编写及测试过程的完成 3. 集成测试的考核

任务 11:系统集成及发布

日期	地点	任务	组织形式	学生工作任务	工作过程完成作业	教师指导要求
周四	机房	1. 系统集成 2. 系统发布	小组合作完成	1. 进行系统集成及发布	1. 实训日记	1. 指导系统集成及发布实现 2. 系统及代码完整性考核

活动 12:项目文档整理

日期	地点	任务	组织形式	学生工作任务	工作过程完成作业	教师指导要求
周五	机房	1. 项目文档归类 2. 整理技术资料 3. 作业文件存档	小组合作完成	1. 整理在线书店的相关设计文档 2. 编制在线书店的操作使用说明书	1. 项目报告书(数据库设计脚本和E-R图、系统类图设计、调试说明、程序清单、测试报告等) 2. 产品使用说明书; 3. 项目总结报告(含工作体会)。 4. 实训总结	1. 介绍整理资料的方法 2. 项目考核答辩学生评价依据:参照项目验收标准和出勤、态度等方面情况

（3）学生工作过程应完成的记录表

综合实训项目学习活动记录表

姓名： 学号： 日期：
班级： 组别：

工作任务：
实际完成内容：
遇到的问题及解决方法：
工作心得：

（4）综合实训项目的成绩统计表

姓名： 学号： 日期：
班级： 组别：

工作任务	小组讨论	过程评价	完成成果	小结	得分
	15%	30%	40%	15%	
系统分析（20%）					
系统设计（20%）					
模块设计及代码编写（40%）					
运行调试及答辩（20%）					
总成绩					

（5）典型项目指导范例（以在线书店综合实训为例）

1. 相关知识要点

1.1　Struts

· Struts2 的基本概念：Struts 配置、Action、拦截器、内置校验器

· Struts2 的标签库：通用标签、UI 标签

- Struts2 的 Ajax 支持
- Struts2 的校验器及校验框架
- Struts2 的 OGNL

1.2 Hibernate

- Hibernate 的基本概念：对象/关系持久化、ORM
- Hibernate 领域模型和元数据：领域模型、ORM 元数据
- Hibernate 的映射概念和策略：映射持久化类、类映射选项、细粒度模型、类继承映射、集合和实体关联映射、实体关系映射

1.3 Ajax

- Ajax 的 XMLHttpRequest 对象的创建
- Ajax 的异步请求信息传输
- Ajax 的响应信息的处理
- Struts2 的 Ajax 支持

2. 系统总体设计

2.1 总体设计

在线书店是实现网上选书、购书、产生订单等功能的系统。系统可分为图书信息的动态展示、购物车管理、客户信息注册登录管理、订单处理等模块。

可分为图书信息查询、订单处理和用户管理等功能模块。

2.2 功能划分

本系统包含两个子系统：一是在线书店前台管理系统，二是在线书店后台管理系统。共有 8 个模块，主要有：图书查询、购物车管理、用户订单查询、用户登录注册、管理员登录、用户管理、订单管理和图书信息管理。

3. 数据库设计

根据在线书店系统的需求，设计对应的数据表及功能如下：

- 图书基本信息表：存放在线书店所销售的图书的基本信息
- 图书分类信息表：存放在线书店所提供图书分类的信息
- 用户基本信息表：存放在线书店用户的基本信息
- 管理员基本信息表：存放在线书店管理员的基本信息
- 订单基本信息表：存放在线书店订单的基本信息

• 订单详细信息表：存放在线书店订单的详细信息

本系统的实体有：用户、管理员、图书、图书类别、订单和订单明细。

4. 逻辑结构分析和设计

本系统采用 Struts＋Hibernate 的框架进行开发。Hibernate 的一些基本应用已经在 Struts 中被封装了，在使用时只需要继承 Hibernate Support 类就可调用 Hibernate 模板来完成各种事务处理。

在系统结构上，将系统划分为 DAO 层、Service 层、Controller 层和 View 层。

• DAO 层：主要完成数据持久层的工作，负责与数据库的一些操作。

• Service 层：主要负责业务模块的逻辑应用设计，通过调用 DAO 层的接口实现业务。

• Controller 层：主要负责具体的业务模块流程的控制。

• View 层：主要负责前台 JSP 页面的表示。

5. 各模块的设计

首先完成模块所需 JSP 页面的设计，然后完成 DAO 层、Service 层和 Controller 层相应功能代码的代码编写。

6. 集成测试

（6）参考文献

■ 李芝兴,等. Java EE Web 编程. 机械工业出版社,2008.1

■ 李振捷,等. JSP 网站开发典型模块与实例精讲. 电子工业出版社,2006.8

■ 曹衍龙,等. JSP 网络开发使用工程案例. 人民邮电出版社,2008.5

5.3.3　综合实训学生学习手册

1. Web 应用开发综合项目实训

一、项目任务名称

基于 Struts 框架的在线书店系统。

1. 项目内容

综合应用主流 Ajax 客户端技术、Struts Web 框架技术、Hibernate 数据访问技术、数据库技术、软件测试技术、网站部署与发布等技术,遵从 IT 企业生产性项目的软件产品生命周期开发过程模型或敏捷开发及持续集成模型,应用软件工程相关工具,完成在线书店 B2C 电子商务系统的设计与开发。

2. 实训周期

四周。

二、综合实训目的

"基于 Java 电子商务系统"设计开发项目是软件外包服务专业学生完成第四学期 Java 方向课程学习之后利用四周时间开展的一项软件设计开发技能综合实训项目。

在大一两学期游戏软件设计、小型管理系统设计综合实训及大二两学期 Java 企业管理系统设计(C/S)、Java 企业管理系统设计(B/S)综合实训的训练所具备的面向对象程序设计、Java 程序设计、Java Web 软件设计的能力基础上,进一步将本学期已经学过的相关课程及在课程中已初步掌握的 J2EE 企业级开发技术的单项、单元(技能)能力融合在一起,通过一个典型的使用 Struts、Hibernate 框架技术和 Ajax 前端设计技术的在线书店系统的需求分析、总体设计、数据库设计、功能模块的设计、单元测试、系统集成与项目完成后的评估总结报告的撰写等完整工作过程的训练,培养学生完成一个实际的电子商务网站系统的综合职业能力。

三、对学生学习的要求

每个学生应通过本综合实训项目课程的学习,培养自己系统、完整、具体地完成一个电子商务系统项目所需的工作能力,通过信息收集处理、方案决策、制定行动计划、实施计划任务和自我检查评价的能力训练,以及团队工作的协作配合,锻炼学生在职场应有的团队工作能力。每个学生经历综合实训项目完整工作过程的训练,将掌握完成 J2EE 企业级系统实际项目应具备的核心能力和关键能力。具体要求如下:

1. 充分了解本指导手册规定拟填写的项目各阶段的作业文件与作业记录。

2. 充分了解自己的学习能力,针对拟完成项目的设计功能要求与规范,查阅资料,了解相关系统设计的技术情况,主动参与团队各阶段的讨论,表达自己的观点和见解。

3. 在学习过程中,认真负责,在关键问题与环节上下功夫,充分发挥自己的主动性、创造性来解决技术上与工作中的问题,并培养自己在整个工作过程中的团队协作意识。

4. 认真填写与撰写从资讯、方案、计划、实施、检查到评估各阶段按规范要求完成的相关作业文件与工作记录,并学会根据学习与工作过程的作业文件和记录及时反省与总结。

四、对学生工作的要求

1. 团队工作遵循规范

(1) 实训以 6 个人一小组为单位进行,每组学生各推荐 1 名项目经理,每天任务的分配均由项目经理组织进行,组员必须服从小组安排。

(2) 关心每个小组整体工作的进展,及时配合组内其他成员的工作,做到全组工作协作有序。

(3) 注意工作过程中的充分交流。

2. 现场 5S 管理要求

(1) 每个学生小组安排轮值担任安全员,负责每天实训室的电脑检查和关闭电源,以及工作场所中的安全问题。

(2) 每天学生离开工作场所必须打扫环境卫生,地面、桌面、抽屉里都要打扫干净并保持整洁。工作时间不得吃东西,喝水必须到指定区域。

(3) 设考勤员每天负责考勤,并报告考勤情况,在告知清楚的前提下无故迟到 3 次实训成绩的最高只能给及格;旷课 1 次,实训无成绩。

(4) 按照企业工作现场要求规范学生的言行,注重安全、节能、环保和环境整洁,电脑设备摆放规范。

(5) 明确在实训场所的纪律,包括工作态度、交流方式、工作程序、作业要求与作业记录要求等。

五、学生成绩评定标准

1. 过程考核:项目教学每一阶段根据每位学生参与完成任务的工作表现

情况和完成的作业文件和记录,综合考核每一阶段学生参与工作的热情、工作的态度、与人沟通、独立思考、勇于发言、综合分析问题和解决问题的能力以及学生安全意识、卫生状态、出勤率等,给予每一阶段过程考核成绩。

2. 结果考核:根据学生提交的作业文件、制作产品,按企业产品作业管理规范、产品(作品)性能测试结果、产品完成的质量高低、项目答辩思路是否清晰、语言表达是否准确等给出结果考核成绩。

3. 综合成绩评定:过程考核占 60%,结果考核占 40%。

4. 否定项:旷课一天以上、违纪三次以上且无改正、发生重大责任事故、严重违反校纪校规。

关于学生本综合实训项目课程成绩评定标准与打分细则详见《基于 Java 的电子商务系统综合实训》教学标准。

六、综合实训项目计划安排

项目名称	完成需要时间	开始	结束	工序	项目验收和作业文件	备注
一、总体方案设计	3 天					
1. 技术要求研讨				1	1. 需求分析简要说明文档 2. 系统的总体设计报告	
2. 讨论系统的功能				2		
3. 编写需求分析的大概模型				3		
4. 讨论设计方案				4、31		
5. 确定最终需求				5		
二、数据库的设计	1 天					
1. 数据库的需求分析				6	1. 数据库的 E-R 图 2. 数据库的脚本	
2. 数据库的 E-R 图绘制				7、31		
3. 数据库的逻辑设计				8		
三、开发环境准备	1 天					
1. 搭建开发环境				9	1. Struts 配置文件 2. Hibernate 配置文件	
2. 配置 Struts、Hibernate				10		

续表

项目名称	完成需要时间	开始	结束	工序	项目验收和作业文件	备注
四、逻辑结构设计	2 天				1. 用户模型类关系图 2. DAO 层的类图 3. Service 层的类图	
1. 逻辑结构分析				11		
2. 持久层 DAO 设计				12		
3. 逻辑层 Service 设计				13		
五、图书及分类管理模块设计	3 天				代码清单	
1. 管理员登录设计				14		
2. 图书分类管理页面设计				15		
3. 图书分类管理设计				16		
4. 图书管理设计				17		
六、主页面与登录设计	1 天				代码清单	
1. 主页面设计				18		
2. 用户登录处理设计				19		
七、图书查询及购买模块设计	3 天				代码清单	
1. 搜索图书设计				20		
2. 购物车设计				21		
3. 我的订单管理设计				22		
八、订单模块设计	2 天				代码清单	
1. 查看订单的设计				23		
2. 订单发货处理设计				24		
九、用户管理模块设计	1 天				代码清单	
1. 用户管理页面设计				25		
2. 用户管理处理设计				26		

续表

项目名称	完成需要时间	开始	结束	工序	项目验收和作业文件	备注
十、单元测试	1天				1. 调试记录 2. 测试报告	
1. 功能测试				27		
2. 边界测试				28		
十一、系统集成及发布	1天					
1. 系统集成				29		
2. 系统发布				30		
十二、项目文档	1天			4、7 10、11	1. 项目报告书（需求分析报告、总体设计方案、数据库设计、类图说明、程序清单等） 2. 使用说明书 3. 项目活动有关附表	
十三、项目完毕				31		

七、项目产品验收标准

1. 满足设计功能与性能要求的在线书店系统一套；

2. 相关的作业文件齐全。

八、作业文件验收标准

1. 项目设计方案的详细设计报告；

2. 项目系统的设计文件（数据库设计脚本和 E-R 图、系统类图设计、持久层 DAO 设计类图、逻辑层 Service 设计类图、调试说明、程序清单、测试报告等）；

3. 学习手册规定填写的作业文件与记录；

4. 产品使用说明书；

5. 项目总结报告（含工作体会）。

九、学生工作过程作业文件与记录表

综合实训项目学习活动记录表

姓名：　　　　　　　　　　学号：　　　　　　　　　　日期：
班级：　　　　　　　　　　组别：

工作任务：   实际完成内容：   遇到的问题及解决方法：   工作心得：

综合实训项目的成绩统计表

姓名：　　　　　　　　　　学号：　　　　　　　　　　日期：
班级：　　　　　　　　　　组别：

工作任务	小组讨论	过程评价	完成成果	小结	得分
	15%	30%	40%	15%	
系统分析(20%)					
系统设计(20%)					
模块设计及代码编写(40%)					
运行调试及答辩(20%)					
总成绩					

第六章 创立"演习开发"教学新模式

校企双方不断探索提升综合实践课程的教学实效,解决学生动手能力培养效果差的问题。结合富士通南大新人在职培训(On Job Training,即公司所称OJT教育)的培养方式,创立了"演习开发"的实训模式。其目标就是模拟真实的工作过程,让学生在校学习过程中,真正体验真实的工作情景、学习专业技能的同时,培养学生写文档能力、沟通能力、团队协作能力、自我学习能力、解决问题的能力等软件开发过程中必须的能力,让学生了解软件开发过程的重要规范和开发过程。从而促使在校期间逐步实现从学生到软件开发工程师的转变。多年实践证明,该教学新模式显著提升实践教学质量,提升学生的学习兴趣与学习自信心。

6.1 "演习开发"教学模式　　　　　　　　　　　<<<<

"演习开发"是校企双方联合开发的一种实践教学方式,它完全基于真实的软件外包服务,引入真实项目的工作内容、流程和管理规范,是校企融合共育人才的重要手段。主要做法是:实训项目来源于企业的工程项目或教师的纵横向课题,实施过程也模拟企业,组建若干项目组,每组 5~7 名学生,各有不同的角色分工,学生严格遵循企业开发与测试技术规范,在"校企混编团队"的指导下,完成软件的开发与测试等工作。实践项目的日常管理也采用企业的周例会、晨会、日报等形式,同时借鉴企业的项目考核机制对学生进行考核评价。该模式是对本专业实践教学改革的一个有益探索。编写了 3 本综合实训校本教材。

演习开发不同于综合实训,三年人才培养方案中约有 3~5 个综合实训课

程,而仅有一个演习开发综合课程,该课程更强调专业技能综合性及职业素质融入课程中,更需要将企业的实际项目进行教学加工与裁剪,更需要双元实施,即学校专任教师与企业工程师共同实施,实施过程中更需要按照企业的流程与规范进行实施。

6.1.1 综合实践教学存在的主要问题

实践教学是高职院校教学过程中的重要环节,是高技能应用型人才培养的重要阶段,关系到高职院校培养的人才是否适应社会就业岗位的需要,也关系到高职院校事业发展,高等职业教育的兴衰。但是目前的具体实施过程中存在以下问题。

(1) 项目教学法的项目选择问题。目前很多项目教学法的项目选择通常是由教师提供项目或者是学生自行设计项目。教师和学生对于业务领域的关键知识和具体需求严重缺乏,无法提出有质量的需求。导致最终完成的项目都很不实用。

(2) 指导教师的问题。在过去的项目教学法中,虽然项目模拟了真实的软件项目,但是由于指导教师都是院校的教师,缺乏实际工程经验,因此在辅导时普遍存在只重视项目的软件成果,忽视过程规范、过程文档和代码的书写质量。而对于软件成果也存在只重视功能的实现,而忽略软件的健壮性、容错性和易用性。

(3) 指导文件的问题。过去的项目教学法中,对于项目仅进行模块化的说明,具体的需求文档、设计文档要求学生自己完成。对这些文档的内容也并没有规范的要求。对于没有工程经验的学生来说,实际上并没有完成需求设计这样的软件设计的高级要求,导致学生自行编写的文档是为了文档而写的文档,很多时候是学生先将代码写完,再根据代码补充文档。由于缺乏文档的指导规范和指导要求,教师也很难对文档做出有质量的指导和考核。

(4) 软件开发过程的问题。过去的项目教学法的综合实训中,虽然指导文件会给出遵循软件工程瀑布模型的时间安排建议,但实际操作过程中由于学生不能理解前期设计和文档工作对于整个软件的意义,通常会在网上摘抄一部分相关内容,然后尽快进入编码阶段。由于缺乏前期有质量的设计,代码成功与否完全取决于学生的个人编程能力,经常导致编码后期发现影响全局的问题再返工的情况,整个实训期间绝大部分时间都在进行编码工作。

(5)考核问题。过去的软件综合实训中,通常以最终的软件产品功能多寡作为唯一评价标准,导致学生以更多的完成软件功能为导向,做出大量的不实用的软件功能。而在真正的软件开发工作中,一个无法使用的软件功能是无法交付的,一个不符合设计和需求规范的软件是无法提交的。

(6)缺乏团队合作、沟通技巧的培养的问题。过去的软件综合实训中,通常由编程最好的同学完成绝大部分编码工作,其他人完成辅助的编码、调试和文档工作。同学们之间如何进行沟通,针对哪些点进行沟通,都缺乏指导,导致彼此之间很少有基于项目的沟通。文档和代码不一致的情况比比皆是,不同人编写模块之间的接口、界面风格都完全不一致的情况也时有发生。而在真实的项目工作中,这些都是不可接受的。

针对以上问题,经过多轮类似的综合实训之后,实际上学生们只是将课堂讲述的例子串接成一个大例子而已。真正的在软件开发过程中非常重要的文档编写能力、沟通能力、团队协作能力、软件开发规范的掌握能力都完全没有得到锻炼。这一切都导致学生走上工作岗位之后很难迅速地胜任外包开发工作。

6.1.2 "演习开发"教学模式的设计思路与实践过程

校企双方不断探索综合实训课程实效,解决学生动手能力培养效果差的问题。结合南京富士通南大软件技术有限公司新人在职培训的培养方式,创立了"演习开发"的实训模式。

其目标就是模拟真实的工作过程,让刚毕业走上工作岗位的学生真正体验真实的工作情景,以及培养学生文档编写能力、沟通能力、团队协作能力、自我学习能力、解决问题的能力等软件开发过程中必需的能力。也让学生了解软件开发过程的重要规范和开发过程。从而促使新员工实现从学生到软件开发工程师的转变。

校企深度合作后,双方决定将新人 OJT 教育的内容前移至学院的专业教育中。由企业的项目经理、高级工程师和学校的有过半年以上企业顶岗锻炼的"双师型"教师共同组成课程设计团队和教学指导团队。

一次完整的演习开发过程包括"演习开发"课题的准备、"演习开发"的 5 个实施阶段、"演习开发"的发表、总结与改进等三个部分。

1. "演习开发"课题的准备

课题准备是整个演习开发过程最重要的计划阶段,它确定了演习开发的内容、目标和进行方式。需要校企双方的指导教师精心设计,并撰写大量的文档。

(1) 选题。由企业的工程师选出真实的项目,再经过学校教师的裁剪。考虑到学生的实际开发能力,通常对项目的选择有如下要求:

开发工作量维持在 2 人·月左右,即代码 3K 左右(数据来源为企业的平均水平)。

项目所要求的技术有一小部分是学生并未学习过的技术,促使学生通过学习来解决实际项目的问题。

(2) 课题文档。主要包括需求文档、里程碑及相关产物文档两个部分。

需求文档。考虑到软件外包的特点,需求设计是发包方已经完成的工作。而对于学生而言,需求设计要求对业务领域的深度理解,实际上以学生的水平,很难胜任,而需求确定了项目的最终目标和成败。因此课题文档主要是项目需求文档的编写。本部分内容由企业工程师给出,校内指导教师根据学生的具体情况进行修订,主要是对于技术难度较高部分的提示。

课题文档需要给出详细的需求说明,包括健壮性和容错性要求说明、技术规范的说明、技术检查点的说明以及一定的原形设计图。

该需求说明和其他所有的文档,包括学生自己产生的文档,都按照企业的规范,必须满足如下要求:

① 明确性。即文档的描述必须是明确的,无歧义的。

② 可测量性。文档所提出的要求必须是具体的可以衡量的。

③ 可达成性。文档提出的要求和目标必须是切实可以达成的,并指明具体的达成路径。

里程碑及相关产物文档。该文档主要列出整个开发过程中应该完成的各种文档、每个文档应该提交的时间点和文档内容规范的要求。这些文档贯穿了软件开发的全过程。通常标志着一个里程碑的结束,下一个里程碑的开始,并记录软件开发各阶段的成果。以 08 级为例,各产物和提交时间如表 6-1 所示。

表 6-1　2011 年开发类学生成果产物一览表

NO.	成果	最晚提交日	产物类型	备　注
1	样书 FD(第一次稳定版)	2011/11/10	Word	1. 文档页数要求:最少 10 页,最多 20 页(不含封面和封底)。 2. 最终版 FD,12 月 1 日提交
2	FD Review 报告书	2011/11/10	SPIF	最终版,12 月 1 日提交
3	式样书 SD(第一次稳定版)	2011/11/12	WORD	1. 文档页数要求:最少 6 页,最多 30 页(不含封面和封底)。 2. 最终版 SD,12 月 1 日提交
4	SD Review 报告书	2011/11/12	SPIF	1. Review 标准:参照公司统一标准。 2. 最终版,12 月 1 日提交
5	主要技术问题解决方法调查报告书	2011/11/12	Word	罗列本次开发中可能碰到的重大技术问题,本调查解决方法。页数限定:2 页/问题
6	代码(Source)(中间稳定版)	2011/11/19	源代码	1. 提交 MK1R 后的代码给高级经理检查。 2. 最终版源代码,12 月 1 日提交
7	MK1 Review 报告书	2011/11/19	SPIF	1. Review 标准:参照公司统一标准。 2. 包 checklist。 3. 最终版,12 月 1 日提交
8	MK23 计划书/报告书	2011/11/22	EXCEL/ SPIF	1. 覆盖度要求:语句覆盖。 2. 最终版,12 月 1 日提交
9	CT 计划书/报告书	2011/11/25	EXCEL/ SPIF	1. CT 标准:参照公司统一标准。 2. 最终版,12 月 1 日提交
10	可执行模块	2011/12/1	可部署包/ 可执行程序	
11	部署/使用说明书	2011/12/1	WORD	

　　注 1:上表中的最晚提交日是指,在各演习小组制定开发计划以及实际提交产物时,不可以逾越的日期。各产物的实际纳品日,由各项目组在制定开发计划时予以明确,并反映到开发计划中。

　　注 2:11 月 6 日,11 月 7 日,11 月 20 日和 11 月 27 日是周六,进行自主开发(具体的最终结论,另外需要最终确认)。加上这 4 天时间,一共有 18 天的有效工作日。

项目管理类成果提交物见表 6-2。

表 6-2　2011 年项目管理类学生成果产物一览表

NO.	成果	最晚提交日	类型	备　注
1	开发计划	2011/11/5	SPIF(Excel)	使用 SPIF 作成开发计划
2	配置管理计划	2011/11/6	SPIF(Excel)/Word	
3	各次会议记录	2011/12/1	Excel/Word/Text/email	演习开发过程中,至少记录 3 次会议记录。Review 会议,可以不记录会议记录
4	演习结束发表资料	2011/12/3	PPT	预计 12 月 7 日下午发表

（3）演习开发角色扮演和学生编组。为了完整的体现真实开发情景,整个演习开发需要模拟在软件开发过程中的各个角色,该角色由教师和学生共同扮演,且每个角色都需要明确各自的职责要求。以 08 级演习开发为例：

① 客户：企业工程师扮演客户。

② 高级经理(课长)：4 位教师。

③ 高级工程师：企业质量与教育专员。

④ 项目经理：共需 6 名。条件要求：(a)性格活跃,交流沟通能力强,(b)有一定的组织能力,(c)主动性强,具有强烈的责任心和使命感,(e)具有一定的承受压力的心理素质,(d)有过 B\S 或 C\S 系统开发的学习经历。

⑤ 项目组成员：负责承担分配到的开发工作。

具体各角色职责要求如表 6-3。

表 6-3　各角色职责说明

角色	职责说明	备注
客户	1. 在 FD 结束时间点,检查 FD(high level)是否满足需求。 2. 在 MK1 结束时间点,检查实际程序是否符合需求(high level)。 3. 在 CT 结束时间点,检查最终程序的质量(high level,基本功能集,基本正常系操作)。 4. 在演习开发完全结束后,检查发表用 PPT	由开发部长担当

续表 6-3

角色	职责说明	备注
高级经理（课长）	1. FD 结束时间点,检查 FD(low level)是否满足需求。同时针对 FD 作成发生的问题,对学生进行纠错和辅导。如果无法解决,可以和客户联系,进行明确。 2. SD 结束时间点,检查 SD(low level)。检查点包括:(a)程序的整体架构设计是否正确;(b)数据库设计是否正确。如果有无法解决的问题,请向高级工程师求助。 3. MK1 结束时间点,检查学生代码的编写情况(high level)。可以初步浏览代码,以及运行代码来把握实际情况。如果发生学生根本没有编码能力,无法编码时,请向高级工程师求助。如果仍然无法在 deadline 前完成开发的话,请及时和客户取得联系。(这种情况,应极力避免!) 4. MK1R 结束时间点,检查学生的 checklist 和 review 报告(low level),评价 review 质量。 5. MK23 结束时间点,检查学生的测试用例和测试结果报告(low level),评价测试的质量。 6. CT 结束时间点,检查学生作成的测试用例和测试报告,评价测试效果以及最终程序的质量。这种情况下,需要抽取部分复杂的测试用例进行实际运行。 7. 演习发表用 PPT 的作成指导和检查。 8. 演习过程中的其他职责:(a)批准开发计划;(b)品质确保(通过检查各类产物的 Review 报告,check list,报告模板等);(c)根据开发计划,有计划地检查文档和源代码等产物,粗略检查即可;(d)负责对于开发过程的答疑和指导。	(1) 相当于产品经理 (2) 所有检查过程中,对于发生的问题,应对学生进行充分的指导和教育,这是极其重要的 (3) 担当高级经理角色的南工院教师的工作分配,在演习开发概要计划中进行说明
高级工程师	1. 在 SD 结束时间点,对数据库的设计和代码结构设计进行详细检查(low level),以避免后编码后期阶段可能发生大规模返工。特别是在高级经理的请求下,应给予及时的技术支援。 2. 在 MK1 实施过程中,负责解答来自于高级经理或项目经理的技术问题。特别是在存在重大技术问题的情况下。 3. MK1R 结束时间点,检查学生的 checklist 和 review 报告(high level),评价 review 质量。此项工作,可以和高级经理一起进行。 4. MK23 结束时间点,检查学生的测试报告(high level),评价测试质量。 5. CT 结束时间点,检查测试报告(high level),评价测试质量。	(1) 相当于技术经理 (2) 对于 MK1R,MK23,CT 实施质量的评价,由高级经理主导,经高级经理和高级工程师共同评价后得出 (3) 在本次演习开发中,在客户担当出差期间,负责担当客户的角色

续表 6-3

角色	职责说明	备注
项目经理	1. 是项目级的最终责任人,对自己项目开发的成败,负有直接的责任。对所有产物的开发进度,以及品质负责。 2. 制定开发计划,测试计划等各项计划。并报高级经理批准。 3. 负责召集团队成员,举行各种会议。 4. 统领整个项目组,推进整个项目的开发工作。 5. 是项目组和高级经理(有时也包括高级工程师)沟通的桥梁 6. 对于开发过程中遇到的非预期问题(还没有明确由谁来做的工作任务),项目经理是第一责任人。 7. 对于开发过程中遭遇到的重大问题,项目经理是问题解决的带头人,或者是问题解决的直接担当。 8. 在遇见到可能有项目组很难逾越的问题时,需要主动和高级经理联系。 9. 当发生严重进度延迟或者重大品质问题时,需要及时向高经理汇报	
项目组成员	1. 负责完成被分配和指定的开发工作。并且,需要守时(按照开发计划)和确保基本的开发品质。 2. 对于非预期的开发任务和问题,需要及时上报项目经理	

2. "演习开发"的实施过程

演习开发的具体实施过程主要以学生自行按照课题任务说明,遵循富士通南大软件开发有限公司的开发工程,分阶段实施开发,在软件开发过程中形成过程文档,并按照产物提交计划,提交各过程文档。

校企双方的指导教师按照教师指导文件的要求和所担任角色的要求每日检查学生各项目小组的开发进展,是否符合开发进度,是否符合开发规范,并帮助学生解决各类具体问题。

整个项目管理的过程遵循企业的管理规范 PDCA 的要求。

(1) 项目管理规范 PDCA

PDCA 即 PDCA 循环,又名戴明环,是美国质量管理专家休哈特博士首先提出的,由戴明采纳、宣传,获得普及,从而也被称为"戴明环"。它是全面质量管理所应遵循的科学程序。

PDCA 是英语单词 Plan(计划)、Do(执行)、Check(检查)和 Action(行动)的第一个字母,PDCA 循环就是按照这样的顺序进行质量管理,并且循环不止地进行下去的科学程序。整体循环结构如图 6-1。

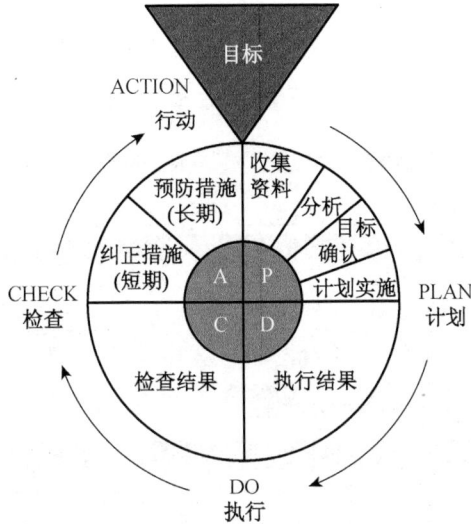

图 6-1　PDCA 循环与含义示意图

P (Plan)计划。包括方针和目标的确定,以及活动规划的制定。

D (Do)执行。根据已知的信息,设计具体的方法、方案和计划布局,再根据设计和布局,进行具体运作,实现计划中的内容。

C (Check)检查。总结执行计划的结果,分清哪些对了,哪些错了,明确效果;找出问题。

A (Action)行动。对检查的结果进行处理,对成功的经验加以肯定,并予以标准化;对于失败的教训要总结,引起重视,给出纠正措施,应对当前失败教训产生的后果,并据此提出长期的预防机制。对于没有解决的问题,应提交给下一个 PDCA 循环中去解决。

在整个"演习开发"过程中,每个项目小组首先必须要制定开发计划,并提交到项目管理平台 SPIF 上,这是 P 即计划阶段。

每天按照计划的进度分工协作,每晚填写工作日志,记录每天的进展,在里程碑快结束时,提交经过确认的产物。这是 D 即执行的阶段。

教师需要每天填写工作日志，主要包含每天的整体状况总结、行动事项，各小组辅导情况和重特大问题一览。这里包括 C 即检查的阶段，并根据检查的结果，确定下一步的行动事项，即 A 行动阶段，同时这也是下一步 PDCA 环的开始。

表 6-4 为教师进行检查的工作日志，依据日志情况得出下一步行动事项。

表 6-4 辅导人员工作日志摘录

南工院富士通班（2010年）演习开发 辅导人员工作日志

汇报时间：	2010/11/16	汇报人员：	查/翁	工作日：	2010/11/16	工作人员：	查英华、翁英萍、黄开彬

工作日志

整体状况总结	行动事项（Action Item）
今天黄开彬、翁英萍和查英华主要完成了如下工作： 1) 检查技术调查报告，有些写的词不达意的要求整改 2) 检查订餐一览界面的技术准备情况 第5组-90%，第2组-60%，其他组-20% 3) 详细检查每组各项工作的推进情况 　　a. 文档基本暂停，全力编码 　　b. 代码基本均未提交，也未合并-已经要求整改，今天合并并提交一份 　　c. 技术调查报告过于偏重细节，是问题汇总，而非技术难点 4) 代码规范的检查 基本都有问题，要求整改	AI01)明天检查配置管理状态 AI02)明天继续检查代码规范 AI03)明天检查SPIF中的信息提交情况 AI04)明天提交当前版本的技术调查报告给富士通各位

各小组辅导情况

team1	team2
1. 决定改用C/S架构 2. FD/SD的文档修改:B/S->C/S 3. 技术调查报告: 基于B/S, 而非C/S, 细节较多 4. MK1-除订餐一览页面外，其他功能实现90%（3人编码） 5. 部分人员未安装SVN客户端，代码未整合，也未提交	1. FD结束，SD暂停修改 2. 技术调查报告: 重点问题目前还没有解决方案 3. MK1-完成登录和人员信息显示模块，1人在做订餐一览页面的技术实现60%（2人编码） 4. 代码目前没有稳定版本，未提交

team5	team6
1. FD结束，SD暂停修改 2. 技术调查报告: 有多人版本，未合并，动态订餐部分未写完 3. MK1-完成登录、注册、用户信息显示，界面整洁美观，订餐一览页面的处理有较清晰的想法，demo实现（3人编码） 4. 代码目前没有合并，也未提交	1. FD结束，SD暂停修改 2. 技术调查报告: 解决方案写的不够清楚 3. MK1-完成人员信息的增加、删除和查看，订餐一览页面的技术实现未深入思考（2人编码） 4. 代码目前没有合并，也未提交

重特大问题一览

在整个管理过程中采用企业的周例会、晨会、日报等形式，并形成会议纪要、日志等过程文档。

（2）"演习开发"的 5 个实施阶段

整个"演习开发"的过程按照软件工程的瀑布模型，遵循企业的开发过程和开发规范，主要分为如下几个阶段：

FD 阶段。根据需求文档进行功能设计，即概要设计。本阶段需要画出每个功能的界面原型，并描述每一个按钮、每一个输入框的要求、显示效果和功能，最终形成 FD 功能式样书，对于每个模块的功能式样书必须进行正式的功能式样书评审，并形成 FD Review 报告书。最终的 FD 功能式样需要经过高级经理(校内指导老师)和高级工程师(企业指导教师)的确认才可以继续进行下一步骤的工作。

SD 阶段。根据前期的 FD 功能式样书,进行数据库设计、包、类和函数的设计。最终形成 SD 式样书,同样对于 SD 式样书需要进行正式评审,形成 SD Review 报告书。最终的 SD 功能式样书需要经过高级经理(校内指导老师)和高级工程师(企业指导教师)的确认才可以继续进行下一步骤的工作。

MK1 阶段。本部分是正式的编码阶段。需要根据前面的文档来搭建环境,分工编码、集成。在本阶段,每一段代码都需要经过评审,即 MK1R,并形成 MK1Review 报告书。本阶段因为项目的特点,学生还需要自行学习攻克一些技术难点,并最终完成软件代码的编写。教师的工作主要是帮助学生找到正确的技术方向,并确认学生按照正确的代码规范来完成,并养成及时提交、及时沟通确认的良好工作习惯。

MK23 阶段。本部分是对代码进行单元测试,主要是白盒测试技术。鉴于学生的情况和进度的把控,主要需要确认比较复杂的函数和类是否符合 SD 文档的设计要求。学生需要制定测试计划、编写测试用例,及时提交和修正发现的 bug,并在完成全部 MK23 测试后提交 MK23 测试报告书。

CT 测试阶段。本部分是将各个模块组合完成后进行集成测试和系统测试,主要是黑盒测试技术。学生需要根据 FD 功能式样书来制定测试计划、编写测试用例,及时提交和修正发现的 bug,并在完成全部 CT 测试后,提交 CT 测试报告书。

完成 CT 测试,并修正所有发现的 bug 后,软件产品和经修订后的各文档全部完成。

3. "演习开发"的发表、总结与改进

在项目的开发完成后,每个项目组需要对自己所做的工作进行总结,形成发表 PPT,总结的内容包括如下几个方面:

(1) 开发过程的进度把控,预计完成时间和实际完成时间的对比;

(2) 小组工作的量化数据(代码 LOC、测试用例数量、bug 数、文档页数等);

(3) 小组每个人的开发贡献;

(4) 开发过程的得失总结;

（5）开发成果软件的亮点和暗点；

（6）开发成果的演示。

然后所有小组逐个进行项目发表，模拟向用户提交产物并展示的过程。校内指导教师、企业指导教师以及企业有用人需求的部门负责人共同参加学生的演习发表，并在学生演示完成后，根据发表的情况对项目组进行仔细的提问，帮助学生总结项目开发过程，并进行评分，对优秀的学生和优秀的项目组给予奖励。

本部分工作是对整个"演习开发"过程的回顾和总结，对学生的总结能力、口头表达能力是很好的锻炼。更重要的是，通过这样的总结，学生能够更清楚地看到自己哪些部分完成的较好，哪些部分需要更努力的加强学习。也明白自己的生产效率和公司平均的生产效率之间的差异。

6.1.3　显著提升实践教学效果

迄今为止，历经四届 360 名学生的"演习开发"，每位同学都在"演习开发"的过程中迅速成长，文档能力、沟通能力、组织协调能力、解决问题的能力和学习能力等软实力有很大的提高，据企业的反馈，这些同学能够比其他应届毕业生更迅速的适应工作岗位，实现从学生到程序员的转变。

"演习开发"与其他综合实训项目最大的不同在于真实的项目和企业的深度参与。我们在学校里基本完整的重现了一个刚工作的程序员的职场环境。每一个重要的里程碑都和企业一样由更资深的高级工程师或高级经理进行检查和评审，在每一个环节都体现了软件工程的质量把控。学生在做真实项目的同时自觉地体会到团队协作、沟通、学习能力等的重要性，并使能力得到了切实的锻炼和加强。

和企业的 OJT 教育相比，"演习开发"能够更容易的获得教师的实时辅导，提升学生战胜困难的自信心。

对于教师而言，一方面，"演习开发"对于学校的指导教师提出了更高的要求，指导教师必须有企业顶岗实习半年以上的工作经验，能够深刻体会企业工作流程和工作规范，有 1 年以上的实际编程经验，有良好的理解沟通能力、总结能力和协调组织能力。另一方面，"演习开发"对教师本身也有很大的提高，在和高级工程师的沟通中、在客户的需求细化粒度方面，在对软件工程及其规范的理解上都在逐渐加深。这些都可以对今后的课程教学有更好的积累。"演习开发"还能迅速地暴露平时教学过程中的薄弱环节，促使教师在后续的教学过程中针对性的改进和提高。

"演习开发"通过一个个真实的项目，对于学生、教师都能迅速地提高自身的能力。对于企业通过在早期就介入到课程设计和课程实施中，可以更明确自己的培养目标，节省自己的新人培养成本，并让学生更快的成为可用的有一定质量的程序员。

6.2 "演习开发"教学文件 <<<<<

6.2.1 "演习开发"实践教学课程标准

1. 版本控制记录

表 6-5 "演习开发"版本记录表

版本	日期	修改内容	校内教师	企业工程师	审核人
V1.0	2008-5-24	创建课程标准			
V1.1	2012-8-31	按学院标准修改课程标准			
V1.2	2013-8-30	修订 IT 新技术的内容			
V1.3	2016-8-30	修订 IT 新技术的内容			

2. 前言

（1）本课程在相关专业中的定位

"生产性项目演习开发"是软件外包服务专业的一门最重要的综合性项目课程。它是学生从学校的象牙塔走向真正的职场工作岗位的一个重要桥梁。本课程完全不同过去所有的综合实训课程。它采用真实的软件开发项目作为载体，引入企业日常管理模式，如周例会、晨会、日报、项目管理平台，完全模拟企业真实的项目推进和考核方式。通过本课程的学习，解决两方面的问题，

其一,全面对接真实的软件开发过程,完全采用真实职场的项目管理方式,使学生能够深入理解真实的软件外包服务企业的工作过程。其二,加强锻炼综合素质。整个软件开发过程中的关键点都是由企业工程师来把关,其主要目标是要实现一个真实可用的系统,这对学生的团队协作能力、文档能力、沟通能力、解决问题的能力的提升有很大的帮助。

(2) 本课程的基本教学理念

① 突出学生主体,注重学生的能力培养

"生产性项目演习开发"面向软件外包服务专业的学生,注重学生从事本职业技术领域工作的所需基本理论、基本方法和基本技能的学习及综合职业能力的培养。教学中通过激发学生的学习兴趣,在启发、提示下引导其自主地、全面地理解本演习开发项目教学要求,提高学生的思维能力和实际工作技能,增强他们理论联系实际的能力,培养学生的创新精神,使学生养成善于观察、独立分析和解决问题的习惯。以提高能力、磨砺意志、活跃思维和扩展视野为基本目标。

本课程在目标设定、教学过程、课程评价和教学方式等方面都突出以学生为主体的思想,注重学生实际工作能力与技术应用能力的培养,使课程实施成为学生在教师指导下构建知识、提高技能、活跃思维、展现个性、拓宽视野和形成工作能力的过程。

② 拓展学习领域,改变教学方式,培养学生实际工作经验

本课程在教学过程中,引导学生通过调研与对资料的查询和分析,留意观察目前电子商务网站的技术特点与功能和性能比较,鼓励其结合自己的思考提出问题或假设,在教师引导下,通过分析比较,使学生自主归纳总结,以便增强学生对技术方案的理解与评价能力。通过技术方案的决策、实施计划安排讨论与分工合作完成一个具体项目任务,使学生学会如何在一个团队的工作中通过沟通与交流,形成工作方案和安排具体工作计划,并以团队方式合作完成项目工作的能力与经验。

③ 尊重个体差异,注重过程评价,促进学生发展

本课程在教学过程中,倡导自主学习,启发学生对设定状况与目标积极思考、分析,鼓励多元思维方式并将其表达出来,尊重个体差异。建立能激励学生学习兴趣和自主学习能力发展的评价体系。该体系由过程性评价和结果性评

价构成。在教学过程中以过程性评价为主,注重培养和激发学生的学习积极性和自信心。结果性评价应注重检测学生的技术应用能力。评价遵循有利于促进学生的知识与技术应用能力和健康人格的发展。建立以过程培养促进个体发展,以学生可持续发展能力评价教学过程的双向促进机制,以激发兴趣、展现个性、发展心智和提高素质为基本理念。

3. 课程目标

(1) 课程总目标

本演习开发的总体目标是全方位打造实训场景的"演习"特性,创建"演习开发"的实训教学方式。学生通过演练,熟悉习惯企业项目开发方式,切实掌握实际小项目开发工作中所需的基本技能,最终实现从"演习"到"工作"的无缝对接。

(2) 具体目标

① 对教学内容的融会贯通

各位指导老师需要到学生们的位置上,和学生一起进行一些开放式讨论。例如:

- 如何根据需求写 FD 文档?
- FD 文档中应该包含哪些内容? 为什么要包含这些?
- 如何根据 FD 写 SD 呢? 如果把视角从外部功能观点切换为内部结构设计观点呢?
- SD 文档,必须包含哪些内容?
- 在设计阶段,可以使用什么样的专业工具。
- 白盒测试和黑盒测试,分别能测出什么类型的 bug。
- 自动化测试工具,到底给我们带来了哪些好处?
- 针对学生编写的代码,共通讨论优缺点。例如:如何写,才会不易出错,编码效率高,兼容性好,等等。

通过这些开发式问题的讨论,提高学生的素质。

② 具备一定的动手能力

在演习开发中,要让学生意识到需要掌握,以及切实需要实际掌握的能力如下:

- 学习能力。让学生有意识地总结归纳一些新知识的学习方法,困难问题的解决方法。例如,很多演习开发小组中,尚没有成熟的编码人员,这种情况下,需要演习小组在 Leader 的带领下,一起来有组织地实施学习。比如,小组学习,每个人分担一部分,然后一起讨论。

- 文档作成工具及运用能力。查看学生对于 MS Word 和 Excel 的操作情况。对于不熟悉的人员,让 Leader 给予一定的指导。这样做,也能便于 Leader 更加理解以及掌握技能。

- 文档作成能力。查看演习小组作成的文档是否符合相关要求,对于差距非常大的项目组,应及时让其复习科技文档作成教育资料。

- 编码能力。当发现一些学生没有承担相应工作所需的相应编码能力的情况下,指导老师需要进行查看定位,学生到底是不懂哪些知识,导致无法编码。然后给予学习指导。

- 编码规范性的检查。检查学生是否严格按照编码规范实施了编码作业。如果有问题,需要不断重申。

- Debug 能力。当发生 bug,且学生非常茫然无法进行有效 debug 的情况下,需要告知学生基本的 debug 方法(问题分析和定位能力):观察 bug 现象,初步定位 bug 发生位置,设定断点,逐行 debug,查看 IDE 环境下方 output 区域的 debug 信息,不断缩小范围,直至解决问题。

- IDE 环境的使用熟练程度。查看学生们对 IDE 环境的熟悉程度。如发现学生无法掌握编译,调试,debug,环境参数设定等基本操作时,应予以指导(也可以让学生相互指导),确保学生掌握最基本的 IDE 使用方法。

- 测试用例制作能力。查看要因分析法的运用情况(要因明确和组合)。对于不熟练的人员,让其复习相关教学资料。

- 测试的执行能力(含测试工具的运用)。查看自动化测试工具的运用情况。

- SVN 等配置管理工具的操作情况。对于操作生疏的人员,合并冲突代码时,经常把配置管理库弄乱的人员,以及经常不及时提交产物的人员,要及时给予指导。

- 整个团队的配置管理的执行情况。查看是否建立了三库:开发库、基线库、产品库。以及,相关的目录结构是否整齐明了清晰易懂,以及完整性。

- 困难的解决能力。指导学生碰到困难问题是,要到什么地方寻找资源,解决困难问题的时间界限,以及必要时向相关人员寻求帮助。
- 专业化思想的普及。在演习开发的各个阶段,都需要告诉学生(和学生讨论),从事任何生产活动,都要有专业化的思想和工具,要让学生养成专业化的思想,掌握专业化的工具,做专业的工作。

注:这一部分的实施,对于深度问题,需要 FNST 专业人员的帮助。

③ 意识的成熟

演习过程中,要和学生多讲讲企业里面的实际情况,多讲讲企业文化,以及自己的切身感受。好的也行,需要改善的也可以(当然积极向上是主基调)。以及,在企业里面碰到问题时,应该以什么样的心态来对待和解决。要帮助学生摆脱"发生问题时,一脸茫然,不知所措"的问题。让学生们知道,碰到问题时,要会冷静理智地对待,适当地寻求帮助,要有问题思考意识。

通过意识的成熟,帮助学生进入 FNST 后尽快适应,保持积极的工作学习面貌。

④ 心理的成熟

首先,要激发学生的工作热情和相互竞争的欲望。

另外,要制造 1~2 次危机:连续两三天让学生连续碰到技术难题,连续加班(对度要进行控制),让他们处于崩溃的边缘。当然,在学生们即将崩溃的时候,要么学生靠自己的力量把问题解决掉,要么在指导老师的协助下,把问题解决掉。这样做,才能提高士气。否则的话,会导致士气低下。

解决掉以后,要和整个团队一起沟通和回顾,用活生生的实际例子来告诉学生如何应对危机。

还有,要每天观察,看到快要崩溃的同学的时候,要及时进行帮助和心理疏导。

⑤ 团队意识的形成

要让学生意识到,他们是在一个团队中工作。一个人的过失,会导致整个团队无法达到目标。所以,大家要严格按照一起约定的方法做事情。另外,要

让学生实际演练"报相联"。当学生出现失误时,要及时进行"意识纠错"。

这种情况下,可能会碰到个性比较强,无法适应的人员。此时,尤为需要耐心。

4. 项目内容描述

(1) 项目选题范围

本演习开发项目的选题范围不限,结合企业的实际项目需求来确定。

(2) 项目内容要求

鉴于承担本《生产性项目演习开发》教学的各项目演习开发教学团队具体的项目任务各异,因此本标准对本演习开发项目课程教学内容仅提出如下原则性要求:

- 按照企业模式与要求进行设计与编码、测试相分离,过程文档严格按照企业标准。实现工作任务的"演习"特性。必须提交的过程文档见《Productlist_20101102_V1.0》;

- 项目组的日常开发过程完全遵从典型外包企业的日常管理模式。在项目开始项目组长在 SPIF 平台上提交项目计划,并安排分配工作任务。每天晚上项目组成员在 SPIF 上提交自己的开发进度、开发成果并形成日报。每天上午项目组召开晨会,总结前一天的开发情况,从新安排和调整新一天的工作任务。每周召开周例会,总结一周的工作成果和进展,并提交周报。教师必须指导、督促学生按照企业的管理方式进行工作,并严格控制进度是否按照计划进行;

- 项目教学中所形成的作业过程与作业文件符合典型软件外包企业的要求;

- 项目考核采用演习发表形式,模拟企业项目组最终将产品提交给客户的过程。各项目组制作演习发表 PPT,介绍整个演习开发的过程,分析项目组开发过程的亮点和不足,并最终演示系统。

5．实施要求

（1）教学实施要领与规范

项目技术实施要领及规范	教学组织实施要领及规范	作业文件、考核办法与时间安排
企业工程师模拟客户的角色，对企业的真实项目进行裁减，提炼出演习开发项目的具体需求文档，以及必须提交的产品清单（包括实现的系统、过程文档、管理文档）	专职教师承担高级经理的角色，组织学生自主讨论形成项目组（每组6～7人），并结合学生的意愿确定项目经理。 　项目经理召集项目组成员进行需求讨论，确定人员分工，分配开发任务，制定开发计划。 　高级经理即教师帮助各项目组搭建项目开发进程管理环境，配置管理服务器、SPIF账号。提供每个项目组项目需求文档和提交成果清单文档。帮助每个项目组确认其开发计划	作业文件： 1. 使用SPIF作成的开发计划； 2. 配置管理计划； 3. 本阶段活动讨论会议纪要。 考核办法： 教师通过参与项目组讨论了解每位学生的工作态度与能力水平状况。 时间安排： 演习开发正式开始前1周
本阶段针对项目需求文档，对拟完成的软件产品进行概要设计（对照企业的FD）： 1. 总体方案的构思； 2. 需求分析与论证，功能分析与设计； 3. 概要设计方案； 4. 形成项目FD功能式样书； 5. 对FD功能式样书进行评审	项目经理组织项目组成员根据开发计划，在研究交流基础上确定项目功能设计方案，并形成FD文档。 　项目经理组织项目组成员共同进行FD文档评审，形成FD Review报告书。 　高级经理即教师在FD功能式样书完成时，检查FD是否满足需求。同时针对FD作成发生的问题，对学生进行纠错和辅导形成最终的功能设计方案	作业文件： 1. 功能式样书FD； 2. FD Review报告书 考核办法： 1. 学生互评分； 2. 教师根据学生的工作进展及学生做成的FD式样书给出本阶段每位学生的评分。 时间安排： 演习开发第1周
本阶段在形成的FD功能式样书基础上，对选定的方案进行详细设计（对照企业的SD）： 1. 数据库设计； 2. 模块设计； 3. 包、类的设计； 4. 形成详细设计式样书SD； 5. 对SD详细设计式样书进行评审	项目经理组织项目组成员根据FD式样书，在研究交流基础上确定项目详细设计方案，并形成SD详细设计式样书。 　项目经理组织项目组成员共同进行SD详细设计评审，形成SD Review报告书。 　项目经理组织项目组成员对主要技术问题进行调查，并形成主要技术问题解决方法调查报告书 　高级经理即教师在SD功能式样书完成时，检查SD。检查点包括： （a）程序的整体架构设计是否正确； （b）数据库设计是否正确。 　来自企业的高级工程师在SD结束时间点，对数据库的设计和代码结构设计进行详细检查，以避免编码后期阶段可能发生大规模返工	作业文件： 1. 功能式样书SD； 2. SD Review报告书； 3. 主要技术问题解决方法调查报告书。 考核办法： 1. 学生互评分 2. 教师根据学生的工作进展及学生做成的SD式样书给出本阶段每位学生的评分。 时间安排： 演习开发第2周

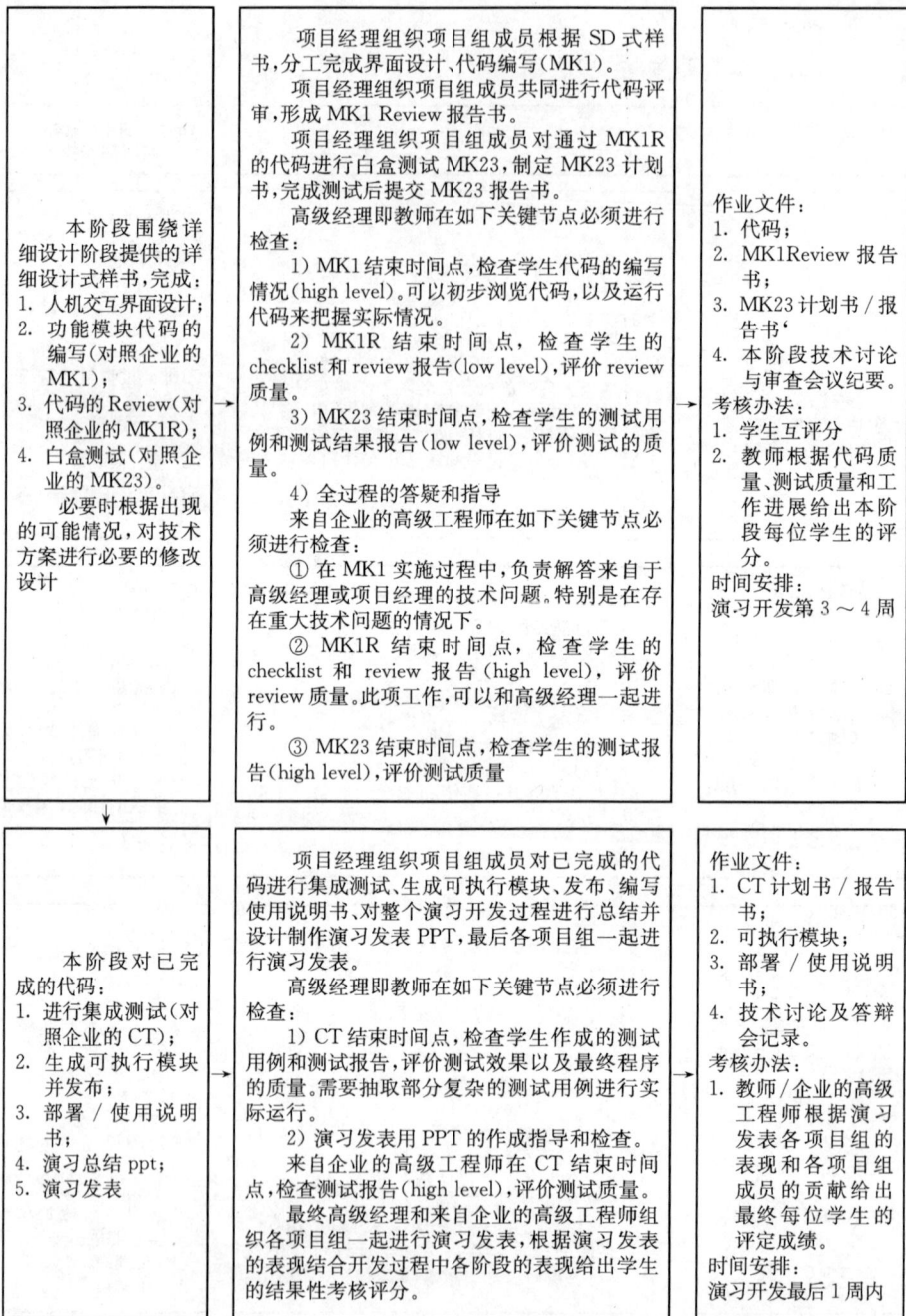

（2）教学方式与考核方法

① 教学方式

演习开发的过程要按照软件企业设计开发应用软件的实际情况进行，将所有学生分成各项目小组。参加演习开发的教师、企业工程师和学生分别扮演软件开发过程中的各类角色：

- 客户：企业工程师。
- 高级工程师：企业工程师。
- 高级经理（课长）：演习开发指导教师。
- 项目经理：项目组学生，每组 1 名。条件要求：①性格活跃，交流沟通能力强；②有一定的组织能力；③主动性强，具有强烈的责任心和使命感；④具有一定的承受压力的心理素质；⑤有过 B\S 或 C\S 系统开发的学习经历。
- 项目组成员：其他学生，负责承担分配到的开发工作。

参加演习开发的学生等同于在企业上班：服从分组安排，坚守工作岗位，不能随意串岗；工作场所不得追逐打闹。严格考勤制度，学生要按照计划安排时要求上下班，迟到、早退、请假、旷课要记录在案。缺课三分之一以上不能取得演习开发成绩，旷课一天以上，就可以认定缺乏职业道德，一票否决。

进入软件仿真工厂工作室后，教师应明确告知现场安全工作规定以及现场5S 管理规定。

针对一个学期中参与演习开发学生的不同阶段，要分析学生实际掌握程序设计语言、数据库、软件测试知识的水平，在遵循项目课程实施要领与规范基础上，根据他们的特点因材施教，可让其中学有余力、能力较强的学生参与教师的项目开发并培养其项目组织管理能力；对能力与学习水平处于中游的学生应指导其通过对以往开发完成的项目的学习，使其尽快掌握拟完成项目的工作过程及技术要点进入角色；对能力与学习水平较弱的学生应指导其补习完成本演习开发项目所欠缺的知识、技能与方法等，使其能尽快通过努力掌握拟完成项目的工作过程及技术要点进入角色。以便在项目演习开发教学正式进入计划安排后能顺利地按实施要领与规范进行，达到本演习开发项目教学的能力培养目标。

② 考核方法

学生参加演习开发项目学习的成绩等第由形成性考核与终结性考核两部分相结合给出。整体考核结构见表 6-6。

表 6-6 "生产性项目演习开发"考核标准

项目	分项	评委 1	评委 2	评委 3	合计
开发类产物(30 分)	FD(5 分)				
	SD(5 分)				
	源代码(5 分)				
	MK23(5 分)				
	CT(5 分)				
	Review 相关(5 分)				
管理类(15 分)	开发计划及进度管理(5 分)				
	配置管理(5 分)				
	会议记录(5 分)				
程序运行效果(10 分)	功能性(10 分)				
	品质(5 分)				
	界面及易用性(5 分)				
技术力(10 分)					
团队组织和沟通(5 分)					
演习发表(20 分)	ppt 质量(8 分)				
	发表效果(6 分)				
	问答(6 分)				

形成性考核:由演习开发指导教师对每一位学生每一阶段的演习开发情况进行过程考核。每一阶段根据学生上交的作业文件,依据项目本阶段验收考核要求,参照学生参与工作的热情、工作的态度、与人沟通、独立思考、勇于发言,

综合分析问题和解决问题的能力,安全意识、卫生状态、出勤率等等方面情况综合评价学生每一阶段的学习成绩。

终结性考核:演习开发结束时,各项目小组设计制作演习发表的 PPT,并进行演习发表演示,综述整个演习开发过程每个阶段的完成工作量、进度情况和质量情况,并最终演示演习开发的成果,软件系统,演习开发指导教师和来自企业的工程师根据演习发表的情况:项目作业文件提交的齐全与规范程度、完成软件产品的功能是否达标与质量好坏、项目答辩思路、语言表达、项目组成员各自的贡献等给出终结性考核成绩。

综合评定成绩:根据形成性考核与终结考核两方面成绩,按规定的要求给出学生本项目演习开发综合评定成绩。

否定项:旷课一天以上、违反教学纪律三次以上且无改正、发生重大责任事故、严重违反校纪校规。

③ 教学文件与使用

由学院演习开发项目开发团队、企业工程师组成的混合团队联合编写的演习开发项目教学的任务书规范格式要求、教师指导手册、学生学习手册以及演习开发项目课程标准是各项目教学团队进行演习开发教学的指导性文件。参与演习开发的各项目组将全套文件和各种作业记录文件存放在配置管理服务器上,供考核和备查之用。

6. 其他说明

(1) 项目教学组织

本演习开发项目教学要求教学团队,在接受二年级演习开发项目课程任务后,根据系对本专业教学安排分配到本项目部的学生人数,组成若干指导教师小组,并对学生进行分组,各指导教师小组落实每个项目组的项目经理,并指导若干小组学生的演习开发项目教学。

(2) 对教师的要求

教学团队主任负责对演习开发指导教师的工作情况进行评价,评价时由参与演习开发的全体学生和教学团队教师共同评价。

从以下几方面评价演习开发指导教师履行职责情况:

指导过程认真负责,在关键问题上把好关、作好引导工作,耐心解答学生所

遇到的技术、工艺和质量管理等方面问题。

注意培养学生的综合职业能力,包括文档写作能力、沟通能力、团队协作能力、解决问题的能力。充分发挥他们的主动性、创造性;培养学生在整个工作过程中团队协作和敬业爱岗精神。

注重培养学生对岗位工作的适应能力,包括进度把控能力、制作计划的能力、规范学习和应用能力。

以身作则,模范遵守校纪校规,具有良好的职业道德,为人师表。

对演习开发项目的实施控制能力强,在本专业领域有较深的造诣,在学生中有较高的威信。

对学生的评价公开、公平、合理。

6.2.2 "演习开发"指导方法

1. FD 工程指导方法

(1) 指导教师指导项目组根据需求确定相应的功能模块;

(2) 项目组进行 FD 设计;

(3) 指导教师指导项目组进行功能设计;

(4) 指导教师帮助解决项目组设计过程中遇到的疑问;

(5) 指导教师指导项目组进行 FD 的评审;

(6) 项目组进行 FD 的 review 整理;

(7) 项目组将 FD 提交到 SPIF。

2. SD 工程指导方法

(1) 指导教师指导项目组根据 FD 进行 SD 的设计;

(2) 指导教师指导项目组进行整体架构设计;

(3) 指导教师指导项目组进行数据库结构设计;

(4) 指导教师指导项目组进行功能接口的设计;

(5) 项目组分小组进行 SD 设计;

(6) 指导教师指导项目组进行 SD 的评审;

(7) 项目组进行 SD 的 review 整理;

(8) 项目组将 SD 提交到 SPIF。

3. 文档的检查点

FD 式样书检查点：

（1）设计履历是否完整；

（2）目录是否进行了更新；

（3）字体、章节、图表等格式是否统一；

（4）功能设计的内容是否齐全；

（5）功能设计的基本设计内容是否完整；

（6）系统依赖关系设计是否正确；

（7）页面设计是否齐全；

（8）画面说明内容是否完整和清晰；

（9）页面是否有画面说明的数值标注。

SD 功能设计书检查点：

（1）设计履历是否完整；

（2）目录是否进行了更新；

（3）字体、章节、图表等格式是否统一；

（4）界面控制流程是否正确；

（5）流程图是否正确；

（6）序列图是否正确；

（7）数据库结构设计的命名是否规范；

（8）数据库结构设计是否合理；

（9）数据库结构设计的说明是否完整；

（10）类的设计是否完整；

（11）类设计的命名是否规范；

（12）函数说明是否可理解和合理；

（13）函数的参数说明是否正确；

（14）异常处理的设计是否合理。

MK1 工程指导方法：

（1）前期

① 环境搭建：项目组配置 IDE 环境，学习调试工具条、快捷键和菜单的

使用；

② 技术准备：指导教师指导项目组选择所采用的技术架构和具体技术。

（2）编码

① 自行编码：项目组根据 FD 和 SD 的产物进行编码；

② 问题解决：指导教师帮助解决编码过程中遇到的问题；

③ 技术讨论：指导教师指导项目组不定期进行技术探讨，讨论技术难点，大家共通的编码问题等；

④ 进度掌控：指导教师每天与项目经理确认各组编码进度，确保项目进度；

⑤ 编码规范：指导教师不定期抽查各项目组的编码是否符合编码规范。

（3）其他

① 配置管理：项目组按照配置管理的要求，及时提交代码，解决冲突，指导教师抽查代码提交情况。

② 基线审计：指导教师定期审查各项目组基线产物。

MK1R 工程指导方法

（1）计划阶段：项目组长根据代码提交时间、代码复杂度、重要性等确定各代码的评审方式，制定评审计划。

（2）准备阶段：项目组成员独自审阅待评审代码，根据评审 checklist 检查并记录问题点。

（3）会议阶段：项目组成员讨论并记录发现的问题和解决方案，指导教师参与部分评审会议。

（4）返工阶段：代码作者修正缺陷。

（5）确认阶段：项目组确认缺陷被正确修正，未引入新的缺陷以及二次评审的必要性。

（6）评审报告：指导老师指导项目组编写评审报告

4. 文档的检查点

代码检查点：

（1）编译运行

① 编译通过，正常运行；

② 基本实现了全部功能点。

（2）代码浏览

① 是否符合编码规范；

② 是否考虑了健壮性。

MK1Review 报告书检查点：

（1）评审参加人员；

（2）评审会议时间（预定、实际）；

（3）评审对象：模块名、代码规模；

（4）评审结果：检出问题数、评审效率、问题检出效率、问题检出率；

（5）问题分析：问题性质、来源的分类统计；

（6）总结。

MK23 工程指导方法：

（1）指导教师指导项目组确定需要进行 MK23 的函数；

（2）项目组确定所采用的覆盖度指标；

（3）项目组进行测试用例设计；

（4）指导教师指导项目组进行测试编码；

（5）项目组执行 MK23 测试、修正代码、回归测试；

（6）指导教师指导项目组编写测试结果报告。

CT 工程指导方法：

（1）测试计划

① 指导老师与所有项目经理一起明确测试计划包含的内容；

② 各组项目经理制定测试计划，并在 SPIF 上提交；

③ 指导老师检查测试计划，并提出修改意见；

（2）测试用例设计、评审

① 各项目组成员，根据测试计划设计测试用例；

② 指导老师与各组交流，协作解决问题；

③ 项目组进行测试用例评审，指导教师参与评审；

（3）自动化测试脚本设计

① 指导老师指导各项目组选定自动化测试的功能点；

② 指导老师指导项目组设计测试脚本,录制编辑脚本;

(4) 执行测试,提交缺陷

① 项目组执行测试,提交缺陷;

② 指导老师检查提交的缺陷,指导缺陷报告规范;

③ 指导老师指导、检查缺陷管理流程。

(5) 测试报告

① 指导老师指导项目组进行缺陷统计分析;

② 指导老师指导项目组编写测试报告;

5. 文档的检查点

MK23 计划检查点:

(1) 测试范围

(2) 测试目的

(3) 测试内容:模块名、代码规模、计划测试用例数量

(4) 测试方法

① 覆盖度指标;

② 测试方法。

(5) 测试时间/人员

(6) 测试环境

(7) 品质目标

MK23 报告检查点:

(1) 测试时间/人员:预定、实绩

(2) 测试环境

(3) 测试方法

① 覆盖度指标;

② 测试方法。

(4) 测试结果:模块名、计划测试用例数量、实绩、品质目标、实绩

(5) 总结

CT 计划检查点:

(1) 测试范围

（2）测试目的

（3）测试内容：模块名、规模、计划测试用例数量

（4）测试方法

（5）测试时间/人员

（6）测试环境

（7）品质目标

CT 测试用例检查点：

（1）测试用例编写是否规范

（2）要因分析表

① 因子的提取；

② 有效和无效输入；

③ 要因的组合。

（3）非要因法测试用例

① 覆盖度；

② 权限验证；

③ 界面元素；

④ 画面输入项目的判断（初值、是否必选、选择后页面变化）；

⑤ 检索条件的组合；

⑥ 画面迁移；

⑦ 数据库操作的判断（插入、更新、消除的判断、数据库异常）。

CT 报告检查点：

（1）测试时间/人员：预定、实绩

（2）测试环境

（3）测试结果：模块名、计划测试用例数量、实绩、品质目标、实绩

（4）总结

6.2.3 "演习开发"教师指导手册

1. 项目教学能力目标

本演习开发的总体目标是全方位打造实训场景的"演习"特性，创建"演习

开发"的实训教学方式。学生通过演练,熟悉企业项目开发方式,切实掌握实际小项目开发工作中所需的基本技能,最终实现从"演习"到"工作"的无缝对接。具体的目标如下:

(1) 通过实际开发演练,让学生融会贯通地理解前一段时间的教学内容。

(2) 具备一定的实际动手能力。

(3) 意识的成熟:让学生养成思考的习惯,以及习惯外包服务企业的项目开发和沟通方法。

(4) 心理的成熟:通过演习过程中危机的出现和应对,促使学生心理的成熟。

(5) 团队意识的形成:实际体验报告商谈联络等沟通技巧,养成团队协作能力,培养团队成员间相互帮助共同推进工作达成目标的团队意识。

2. 指导教师职责

指导教师主要有 2 种类型:企业的工程师、学校的专职教师。分别扮演整个软件开发过程中的各类角色,如下:

(1) 客户:企业工程师承担。

(2) 高级工程师:相当于技术经理,由企业工程师承担。

(3) 高级经理(课长):相当于产品经理,由演习开发指导教师承担。

各类角色的具体要求如下:

(1) 客户

① 在功能设计(FD)结束时间点,检查 FD 是否满足需求。

② 在编码(MK1)结束时间点,检查实际程序是否符合需求。

③ 在集成测试(CT)结束时间点,检查最终程序的质量,系统基本功能正常,系统基本操作正常。

④ 在演习开发完全结束后,检查发表用 PPT。

(2) 高级工程师

① 在 SD 结束时间点,对数据库的设计和代码结构设计进行详细检查,以避免编码后期阶段可能发生大规模返工。特别是在高级经理的请求下,应给予及时的技术支援。

② 在 MK1 实施过程中,负责解答来自于高级经理或项目经理的技术问

题。特别是在存在重大技术问题的情况下。

③ MK1R 结束时间点，检查学生的 checklist 和 review 报告，评价 review 质量。此项工作，可以和高级经理一起进行。

④ MK23 结束时间点，检查学生的测试报告，评价测试质量。

⑤ CT 结束时间点，检查测试报告，评价测试质量。

（3）高级经理

① FD 结束时间点，检查 FD(low level)是否满足需求。同时针对 FD 作成发生的问题，对学生进行纠错和辅导。如果无法解决，可以和客户联系，进行明确。

② SD 结束时间点，检查 SD(low level)。检查点包括：①程序的整体架构设计是否正确，②数据库设计是否正确。如果有无法解决的问题，请向高级工程师求助。

③ MK1 结束时间点，检查学生代码的编写情况(high level)。可以初步浏览代码，以及运行代码来把握实际情况。如果发生学生根本没有编码能，无法编码时，请向高级工程师求助。如果仍然无法在 deadline 前完成开发的话，请及时和客户取得联系。（这种情况，应极力避免！）

④ MK1R 结束时间点，检查学生的 checklist 和 review 报告(low level)，评价 review 质量。

⑤ MK23 结束时间点，检查学生的测试用例和测试结果报告(low level)，评价测试的质量。

⑥ CT 结束时间点，检查学生作成的测试用例和测试报告，评价测试效果以及最终程序的质量。这种情况下，需要抽取部分复杂的测试用例进行实际运行。

⑦ 演习发表用 PPT 的作成指导和检查。

⑧ 演习过程中的其他职责：(a)批准开发计划；(b)品质确保（通过检查各类产物的 Review 报告，check list，报告模板等）；(c)根据开发计划，有计划地检查文档和源代码等产物，粗略检查即可；(d)负责对于开发过程的答疑和指导。

3. 演习开发工作要求

(1) 演习开发组织安排

演习开发以 6 个人一小组为单位进行,每组学生各推荐 1 名项目经理。项目经理的职责如下:

① 项目级的最终责任人,对自己项目开发的成败,负有直接的责任。对所有产物的开发进度,以及品质负责。

② 制定开发计划,测试计划等各项计划。并报高级经理批准。

③ 负责召集团队成员,举行各种会议。

④ 统领整个项目组,推进整个项目的开发工作。

⑤ 是项目组和高级经理(有时,也包含高级工程师)沟通的桥梁。

⑥ 对于开发过程中遇到的非预期问题(还没有明确由谁来做的工作任务),项目经理是第一责任人。

⑦ 对于开发过程中遭遇到的重大问题,项目经理是问题解决的带头人,或者是问题解决的直接担当。

⑧ 在遇见到可能有项目组很难逾越的问题时,需要主动和高级经理联系。

⑨ 当发生严重进度延迟或者重大品质问题时,需要及时向高级经理汇报。

项目组成员的工作职责如下:

① 负责完成被分配和指定的开发工作。并且,需要守时(按照开发计划)和确保基本的开发品质。

② 对于非预期的开发任务和问题,需要及时上报项目经理。

(2) 现场 5S 管理

① 每个学生小组安排轮值担任安全员,负责每天实训室的电脑检查和关闭电源,以及工作场所中的安全问题。

② 每天学生离开工作场所必须打扫环境卫生,地面、桌面、抽屉里都要打扫干净并保持整洁。工作时间不得吃东西,喝水必须到指定区域。

③ 设考勤员每天负责考勤,并报告考勤情况,在告知清楚的前提下无故迟到 3 次,演习开发成绩最高只能给及格,旷课 1 次,演习开发无成绩。

④ 按照企业工作现场要求规范学生的言行行为,注重安全、节能、环保和环境整洁,电脑设备摆放规范。

⑤ 明确告知学生在实训场所的纪律,包括工作态度、交流方式、工作程序、作业要求与作业记录要求等。

4. 学生成绩评定

学生参加演习开发项目学习的成绩等第由形成性考核与终结性考核两部分相结合给出。

形成性考核:由演习开发指导教师对每一位学生每一阶段的演习开发情况进行过程考核。每一阶段根据学生上交的作业文件,依据项目本阶段验收考核要求,参照学生参与工作的热情、工作的态度、与人沟通、独立思考、勇于发言、综合分析问题和解决问题的能力,安全意识、卫生状态、出勤率等方面情况综合评价学生每一阶段的学习成绩。

终结性考核:演习开发结束时,各项目小组设计制作演习发表的 PPT,并进行演习发表演示,综述整个演习开发过程每个阶段的完成工作量、进度情况和质量情况,并最终演示演习开发的成果,软件系统,演习开发指导教师和来自企业的工程师根据演习发表的情况:项目作业文件提交的齐全与规范程度、完成软件产品的功能是否达标与质量好坏、项目答辩思路、语言表达、项目组成员各自的贡献等给出终结性考核成绩。

综合评定成绩:根据形成性考核与终结考核两方面成绩,按规定的要求给出学生本项目演习开发综合评定成绩。

否定项:旷课一天以上、违反教学纪律三次以上且无改正、发生重大责任事故、严重违反校纪校规。

关于学生本演习开发项目课程成绩评定标准与打分细则详见"生产性项目演习开发"教学标准。

5. 演习开发项目计划安排(建议)

表 6-7　演习开发项目计划安排

项目名称	时间(天)	项目验收和作业文件	备　注
开发计划	1	开发计划表	在 SPIF 平台上生成
功能设计 FD	3	FD 式样书	文档页数要求:最少 10 页,最多 20 页(不含封面和封底)

续表 6-7

项目名称	时间 （天）	项目验收和 作业文件	备　注
功能设计 FD 评审	0.5	FD 评审报告	
数据库设计	1	数据库设计文 档/脚本	
数据库设计评审	0.5	数据库评审报告	
详细设计 SD	3	SD 式样书	文档页数要求：最少 6 页，最多 30 页（不 含封面和封底）；
详细设计评审	0.5	SD 评审报告	
主要技术问题研究	2	技术问题研究 报告	1. 本部分可以和详细设计并行进行； 2. 罗列本次开发中可能碰到的重大技术 问题，本调查解决方法。页数限定：2 页/问题
编码—人员管理 系统	3	代码/MK1 评 审报告	1. 编码部分工作可以分工并行进行，尤 其是人员和菜品部分； 2. 提交 MK1R 后的代码给高级经理（即 指导教师）检查； 3. MK1 评审报告必须包含检查清单
编码—菜品管理 系统	3	代码/MK1 评 审报告	
编码—订饭模块	3	代码/MK1 评 审报告	
单元测试	2	测试模块代码	1. 覆盖度要求：语句覆盖； 2. 本部分主要针对逻辑比较复杂的函 数、类进行白盒测试
集成测试 CT 计划	0.5	CT 计划书	
集成测试 CT	4	CT 测试报告	
发布部署	1	部署/使用说 明书	
发表 PPT	2	演习发表 PPT	

本方案是按照演习开发 5 周共计 25 个工作日来计算的,其中主要技术问题研究和 SD 部分分工并行,编码部分人员管理部分和菜品管理部分并行开发进行。项目组可以根据各自不同的情况重新设计,但是重要的里程碑必须给出最晚截止时间,且不能逾越。

6. 演习开发项目指导细则

(1) FD 工程指导方法

根据需求分析制作 FD,可以组织学生进行开放式问题探讨:

① 如何根据需求写 FD 文档?

② FD 文档中应该包含哪些内容? 为什么要包含这些?

(2) SD 工程指导方法

组织学生进行开放式问题探讨:

如何根据 FD 写 SD 呢? 如果把视角从外部功能观点切换为内部结构设计观点呢?

① SD 文档,必须包含哪些内容?

② 在设计阶段,可以使用什么样的专业工具?

(3) MK1 工程指导方法

① 前期

环境搭建:项目组配置 IDE 环境,学习调试工具条、快捷键和菜单的使用;

技术准备:指导教师指导项目组选择所采用的技术架构和具体技术。

② 编码

自行编码:项目组根据 FD 和 SD 的产物进行编码;

问题解决:指导教师帮助解决编码过程中遇到的问题;

技术讨论:指导教师指导项目组不定期进行技术探讨,讨论技术难点,大家共通的编码问题等;

进度掌控:指导教师每天与项目经理确认各组编码进度,确保项目进度;

编码规范:指导教师不定期抽查各项目组的编码是否符合编码规范。

③ 其他

配置管理:项目组按照配置管理的要求,及时提交代码,解决冲突,指导教师抽查代码提交情况。

基线审计:指导教师定期审查各项目组基线产物。

（4）MK1R 工程指导方法

① 计划阶段:项目组长根据代码提交时间、代码复杂度、重要性等确定各代码的评审方式,制定评审计划;

② 准备阶段:项目组成员独自审阅待评审代码,根据评审 checklist 检查并记录问题点;

③ 会议阶段:项目组成员讨论并记录发现的问题和解决方案,指导教师参与部分评审会议;

④ 返工阶段:代码作者修正缺陷;

⑤ 确认阶段:项目组确认缺陷被正确修正,未引入新的缺陷以及二次评审的必要性;

⑥ 评审报告:指导老师指导项目组编写评审报告。

（5）MK23 工程指导方法

① 指导教师指导项目组确定需要进行 MK23 的函数;

② 项目组确定所采用的覆盖度指标;

③ 项目组进行测试用例设计;

④ 指导教师指导项目组进行测试编码;

⑤ 项目组执 MK23 测试、修正代码、回归测试;

⑥ 指导教师指导项目组编写测试结果报告。

（6）CT 工程指导方法

组织学生进行开放式问题探讨:

① 白盒测试和黑盒测试,分别能测出什么类型的 bug?

② 自动化测试工具,到底给我们带来了哪些好处?

（7）项目产品/作业文件验收标准

① FD 式样书检查点

a. 设计履历是否完整;

b. 目录是否进行了更新;

c. 字体、章节、图表等格式是否统一;

d. 功能设计的内容是否齐全;

e. 功能设计的基本设计内容是否完整；

f. 系统依赖关系设计是否正确；

g. 页面设计是否齐全；

h. 画面说明内容是否完整和清晰；

i. 页面是否有画面说明的数值标注。

② SD功能设计书检查点

a. 设计履历是否完整；

b. 目录是否进行了更新；

c. 字体、章节、图表等格式是否统一；

d. 界面控制流程是否正确；

e. 流程图是否正确；

f. 序列图是否正确；

g. 数据库结构设计的命名是否规范；

h. 数据库结构设计是否合理；

i. 数据库结构设计的说明是否完整；

j. 类的设计是否完整；

k. 类设计的命名是否规范；

l. 函数说明是否可理解和合理；

m. 函数的参数说明是否正确；

n. 异常处理的设计是否合理。

③ 源代码的检查点

a. 编译运行；

b. 编译通过，正常运行；

c. 基本实现了全部功能点；

d. 代码浏览；

e. 是否符合编码规范；

f. 是否考虑了健壮性。

④ MK23计划

a. 测试范围；

b. 测试目的；

c. 测试内容：模块名、代码规模、计划测试用例数量；

d. 测试方法；

e. 覆盖度指标；

f. 测试方法；

g. 测试时间/人员；

h. 测试环境；

i. 品质目标。

⑤ MK23 报告书

a. 测试时间/人员：预定、实绩；

b. 测试环境；

c. 测试方法；

d. 覆盖度指标；

e. 测试方法；

f. 测试结果：模块名、计划测试用例数量、实绩、品质目标、实绩；

g. 总结。

⑥ CT 计划

a. 测试范围；

b. 测试目的；

c. 测试内容：模块名、规模、计划测试用例数量；

d. 测试方法；

e. 测试时间/人员；

f. 测试环境；

g. 品质目标。

⑦ CT 测试用例

a. 测试用例编写是否规范；

b. 要因分析表；

c. 因子的提取；

d. 有效和无效输入；

e. 要因的组合；

f. 非要因法测试用例；

g. 覆盖度；

h. 权限验证；

i. 界面元素；

j. 画面输入项目的判断（初值、是否必选、选择后页面变化）；

k. 检索条件的组合；

l. 画面迁移；

m. 数据库操作的判断（插入、更新、消除的判断、数据库异常）。

⑧ CT 报告检查点

a. 测试时间/人员：预定、实绩；

b. 测试环境；

c. 测试结果：模块名、计划测试用例数量、实绩、品质目标、实绩；

d. 总结。

⑨ Review 报告书检查点

a. 评审参加人员；

b. 评审会议时间（预定、实绩）；

c. 评审对象：模块名、代码规模；

d. 评审结果：检出问题数、评审效率、问题检出效率、问题检出率；

e. 问题分析：问题性质、来源的分类统计；

f. 总结。

7. 附教师项目教学各阶段填写的作业文件与记录

详见南工院富士通班演习开发辅导人员工作日志（follow. xls）

8. 参考文献

（1）南工院富士通班演习开发辅导人员工作日志（follow. xls）

（2）南京工业职业技术学院富士通班演习开发指导手册（devCoachGuide. doc）

（3）南京工业职业技术学院富士通班演习开发课题说明（developTask. docx）

（4）南京工业职业技术学院富士通班演习开发纳品物一览表（productlist. docx）

（5）南京工业职业技术学院富士通班演习开发团队编成（teambuild. docx）

（6）南工院富士通班演习开发发表评分表（yanxiDevPinjia. xls）

6.2.4 "演习开发"学生指导手册

1. 演习开发项目名称

订饭管理系统的设计与开发

（1）项目内容

综合应用主流编程语言、框架技术、数据访问技术、数据库技术、软件测试技术、网站部署与发布等技术，遵从 IT 企业生产性项目的软件产品生命周期开发过程模型或敏捷开发及持续集成模型，应用软件工程相关工具，完成订饭管理系统的设计与开发。

（2）实训周期

五周。

2. 演习开发目的

本演习开发的总体目标是全方位打造实训场景的"演习"特性，创建"演习开发"的实训教学方式。学生通过演练，熟悉企业项目开发方式，切实掌握实际小项目开发工作中所需的基本技能，最终实现从"演习"到"工作"的无缝对接。

具体的目标如下：

（1）通过实际开发演练，让学生融会贯通地理解前一段时间的教学内容。

（2）具备一定的实际动手能力。

（3）意识的成熟：让学生养成思考的习惯，以及习惯外包服务企业的项目开发和沟通方法。

（4）心理的成熟：通过演习过程中危机的出现和应对，促使学生心理的成熟。

（5）团队意识的形成：实际体验报告商谈联络等沟通技巧，养成团队协作能力，培养团队成员间相互帮助共同推进工作达成目标的团队意识。

3. 对学生学习的要求

每个学生应通过本演习开发项目课程的学习,培养自己系统、完整、具体地完成一个电子商务系统项目所需的工作能力,通过信息收集处理、方案决策、制定行动计划、实施计划任务和自我检查评价的能力训练,以及团队工作的协作配合,锻炼学生在职场应有的团队工作能力。每个学生经历演习开发项目完整工作过程的训练,将掌握完成 J2EE 企业级系统实际项目应具备的核心能力和关键能力。具体要求如下:

(1) 充分了解本指导手册规定拟填写的项目各阶段的作业文件与作业记录。

(2) 充分了解自己的学习能力,针对拟完成项目的设计功能要求与规范,查阅资料,了解相关系统设计的技术情况,主动参与团队各阶段的讨论,表达自己的观点和见解。

(3) 在学习过程中,认真负责,在关键问题与环节上下功夫,充分发挥自己的主动性、创造性来解决技术上与工作中的问题,并培养自己在整个工作过程中的团队协作意识。

(4) 认真填写与撰写从资讯、方案、计划、实施、检查到评估各阶段按规范要求完成的相关作业文件与工作记录,并学会根据学习与工作过程的作业文件和记录及时反省与总结。

4. 对学生工作的要求

(1) 团队工作遵循规范

演习开发以 6 个人一小组为单位进行,每组学生各推荐 1 名项目经理。项目经理的职责如下:

① 是项目级的最终责任人,对自己项目开发的成败,负有直接的责任。对所有产物的开发进度,以及品质负责。

② 制定开发计划,测试计划等各项计划,并报高级经理批准。

③ 负责召集团队成员,举行各种会议。

④ 统领整个项目组,推进整个项目的开发工作。

⑤ 是项目组和高级经理(有时,也包含高级工程师)沟通的桥梁。

⑥ 对于开发过程中遇到的非预期问题(还没有明确由谁来做的工作任

务),项目经理是第一责任人。

⑦ 对于开发过程中遭遇到的重大问题,项目经理是问题解决的带头人,或者是问题解决的直接担当。

⑧ 在遇见到可能有项目组很难逾越的问题时,需要主动和高级经理联系。

⑨ 当发生严重进度延迟或者重大品质问题时,需要及时向高级经理汇报。

项目组成员的工作职责如下:

① 负责完成被分配和指定的开发工作。并且,需要守时(按照开发计划)和确保基本的开发品质。

② 对于非预期的开发任务和问题,需要及时上报项目经理。

(2) 现场 5S 管理要求

① 每个学生小组安排轮值担任安全员,负责每天实训室的电脑检查和关闭电源,以及工作场所中的安全问题。

② 每天学生离开工作场所必须打扫环境卫生,地面、桌面、抽屉里都要打扫干净并保持整洁。工作时间不得吃东西,喝水必须到指定区域。

③ 设考勤员每天负责考勤,并报告考勤情况,在告知清楚的前提下无故迟到 3 次演习开发成绩最高只能给及格,旷课 1 次,演习开发无成绩。

④ 按照企业工作现场要求规范学生的言行行为,注重安全、节能、环保和环境整洁,电脑设备摆放规范。

⑤ 明确在实训场所的纪律,包括工作态度、交流方式、工作程序、作业要求与作业记录要求等。

5. 学生成绩评定标准

学生参加演习开发项目学习的成绩等第由形成性考核与终结性考核两部分相结合给出。

形成性考核:由演习开发指导教师对每一位学生每一阶段的演习开发情况进行过程考核。每一阶段根据学生上交的作业文件,依据项目本阶段验收考核要求,参照学生参与工作的热情、工作的态度、与人沟通、独立思考、勇于发言,综合分析问题和解决问题的能力,安全意识、卫生状态、出勤率等等方面情况综合评价学生每一阶段的学习成绩。

终结性考核:演习开发结束时,各项目小组设计制作演习发表的 PPT,并进行演习发表演示,综述整个演习开发过程每个阶段的完成工作量、进度情况和质量情况,并最终演示演习开发的成果,软件系统,演习开发指导教师和来自企业的工程师根据演习发表的情况:项目作业文件提交的齐全与规范程度、完成软件产品的功能是否达标与质量好坏、项目答辩思路、语言表达、项目组成员各自的贡献等给出终结性考核成绩。

综合评定成绩:根据形成性考核与终结考核两方面成绩,按规定的要求给出学生本项目演习开发综合评定成绩。

否定项:旷课一天以上、违反教学纪律三次以上且无改正、发生重大责任事故、严重违反校纪校规。

关于学生本演习开发项目课程成绩评定标准与打分细则详见"生产性项目演习开发"教学标准。

6. 演习开发项目计划安排

演习开发项目计划安排见表6-8。这里给出的应是完成项目的框架性计划安排,具体计划安排应让学生在教师引导下自己通过团队讨论拟定。

表6-8 演习开发项目计划安排

项目名称	时间（天）	项目验收和作业文件	备 注
开发计划	1	开发计划表	在 SPIF 平台上生成
功能设计 FD	3	FD 式样书	文档页数要求:最少 10 页,最多 20 页(不含封面和封底)
功能设计 FD 评审	0.5	FD 评审报告	
数据库设计	1	数据库设计文档/脚本	
数据库设计评审	0.5	数据库评审报告	
详细设计 SD	3	SD 式样书	文档页数要求:最少 6 页,最多 30 页(不含封面和封底)
详细设计评审	0.5	SD 评审报告	

续表 6-8

项目名称	时间(天)	项目验收和作业文件	备 注
主要技术问题研究	2	技术问题研究报告	1. 本部分可以和详细设计并行进行; 2. 罗列本次开发中可能碰到的重大技术问题,本调查解决方法。页数限定:2页/问题
编码—人员管理系统	3	代码/MK1 评审报告	1. 编码部分工作可以分工并行进行,尤其是人员和菜品部分; 2. 提交 MK1R 后的代码给高级经理(即指导教师)检查; 3. MK1 评审报告必须包含检查清单
编码—菜品管理系统	3	代码/MK1 评审报告	
编码—订饭模块	3	代码/MK1 评审报告	
单元测试	2	测试模块代码	1. 覆盖度要求:语句覆盖; 2. 本部分主要针对逻辑比较复杂的函数、类进行白盒测试
集成测试 CT 计划	0.5	CT 计划书	
集成测试 CT	4	CT 测试报告	
发布部署	1	部署/使用说明书	
发表 PPT	2	演习发表 PPT	

本方案是按照演习开发 5 周共计 25 个工作日来计算的,其中主要技术问题研究和 SD 部分分工并行,编码部分人员管理部分和菜品管理部分并行开发进行。项目组可以根据各自不同的情况重新设计,但是重要的里程碑必须给出最晚截止时间,且不能逾越。

7. 项目产品验收标准

(1) FD 式样书检查点

① 设计履历是否完整;

② 目录是否进行了更新;

③ 字体、章节、图表等格式是否统一；

④ 功能设计的内容是否齐全；

⑤ 功能设计的基本设计内容是否完整；

⑥ 系统依赖关系设计是否正确；

⑦ 页面设计是否齐全；

⑧ 画面说明内容是否完整和清晰；

⑨ 页面是否有画面说明的数值标注。

（2）SD功能设计书检查点

① 设计履历是否完整；

② 目录是否进行了更新；

③ 字体、章节、图表等格式是否统一；

④ 界面控制流程是否正确；

⑤ 流程图是否正确；

⑥ 序列图是否正确；

⑦ 数据库结构设计的命名是否规范；

⑧ 数据库结构设计是否合理；

⑨ 数据库结构设计的说明是否完整；

⑩ 类的设计是否完整；

⑪ 类设计的命名是否规范；

⑫ 函数说明是否可理解和合理；

⑬ 函数的参数说明是否正确；

⑭ 异常处理的设计是否合理。

（3）源代码的检查点

① 编译运行；

② 编译通过，正常运行；

③ 基本实现了全部功能点；

④ 代码浏览；

⑤ 是否符合编码规范；

⑥ 是否考虑了健壮性。

（4）MK23 计划

① 测试范围；

② 测试目的；

③ 测试内容：模块名、代码规模、计划测试用例数量；

④ 测试方法；

⑤ 覆盖度指标；

⑥ 测试方法；

⑦ 测试时间/人员；

⑧ 测试环境；

⑨ 品质目标。

（5）MK23 报告书

① 测试时间/人员：预定、实绩；

② 测试环境；

③ 测试方法；

④ 覆盖度指标；

⑤ 测试方法；

⑥ 测试结果：模块名、计划测试用例数量、实绩、品质目标、实绩；

⑦ 总结。

（6）CT 计划

① 测试范围；

② 测试目的；

③ 测试内容：模块名、规模、计划测试用例数量；

④ 测试方法；

⑤ 测试时间/人员；

⑥ 测试环境；

⑦ 品质目标。

（7）CT 测试用例

① 测试用例编写是否规范；

② 要因分析表；

③ 因子的提取；

④ 有效和无效输入；

⑤ 要因的组合；

⑥ 非要因法测试用例；

⑦ 覆盖度；

⑧ 权限验证；

⑨ 界面元素；

⑩ 画面输入项目的判断(初值、是否必选、选择后页面变化)；

⑪ 检索条件的组合；

⑫ 画面迁移；

⑬ 数据库操作的判断(插入、更新、消除的判断、数据库异常)。

(8) CT 报告检查点

① 测试时间/人员：预定、实绩；

② 测试环境；

③ 测试结果：模块名、计划测试用例数量、实绩、品质目标、实绩；

④ 总结。

(9) Review 报告书检查点

① 评审参加人员；

② 评审会议时间(预定、实绩)；

③ 评审对象：模块名、代码规模；

④ 评审结果：检出问题数、评审效率、问题检出效率、问题检出率；

⑤ 问题分析：问题性质、来源的分类统计；

⑥ 总结。

8. 学生工作过程应完成的记录表

学生每天应及时提交自己的工作成果到 SVN 服务器上，并在 SPIF 平台提交每日工作记录。

9. 演习开发的成绩统计表

项目组：　　　　　　　　　　　　　　　　　　　　　　　　　组员：

项目	分项	评委1	评委2	评委3	合计
开发类产物 （30分）	FD（5分）				
	SD（5分）				
	源代码（5分）				
	MK23（5分）				
	CT（5分）				
	Review 相关（5分）				
管理类 （15分）	开发计划及进度管理（5分）				
	配置管理（5分）				
	会议记录（5分）				
程序运行效果 （10分）	功能性（10分）				
	品质（5分）				
	界面及易用性（5分）				
技术力（10分）					
团队组织和沟通 （5分）					
演习发表 （20分）	PPT 质量（8分）				
	发表效果（6分）				
	问答（6分）				

6.3 "演习开发"教学模式的实施　　　　　　　　<<<<

"演习开发"在具体实施时，需要经过三个阶段：每个阶段的工作中都形成了大量的文档，这些文档指导着、记录着整个演习开发过程。三阶段如下所示：

课题准备阶段：

本阶段需要校企双方的指导教师经过讨论确定课题,并撰写如下"演习开发"文档:

(1)"演习开发"开发计划说明

(2)"演习开发"课题——即需求说明书

(3)"演习开发"团队构成/人员分工

(4)"演习开发"产物说明

课题实施阶段:

本阶段学生需要按照前述的文档,确定计划、人员分工和实施,并在项目管理工具 SPIF 上体现开发进度。并将所有开发过程中的产物都提交到配置管理服务器上。

教师需要每日跟踪进展,并提交辅导日志给"演习开发"指导教师团队。

在最重要的编码阶段结束后,教师根据学生的表现和编码的情况进行阶段性总结和评分。

课题发表阶段:

本阶段学生完成整个项目,并对整个项目开发过程以及完成的成果进行总结,设计总结 PPT 并发表。

每届的实施过程与内容基本相同,本书以 09 级学生演习开发为例,详细介绍演习开发的三个阶段。

6.3.1 "演习开发"课题准备阶段

1."演习开发"开发计划

南京工业职业技术学院富士通班(2009 年)演习开发开发计划说明

本次演习开发涉及如下的工程阶段:FD,SD,MK1,MK1R,MK23,CT。一共 6 个工程阶段。全体开发期间是:2009 年 11 月 3 日下午—2009 年 12 月 7 日。其中,演习开发小组用于演习课题开发的期间是:11 月 4 日~12 月 1 日。11 月 6 日,11 月 13 日,11 月 20 日和 11 月 27 日是星期六,计划用于演习开发小组的自主开发。计算这 4 天时间,一共有 18 个有效工作日。

注:有关星期六自主开发的明确,需要进一步的最终明确。在实施过程中,可能存在调

整的可能性。所以,本案以后续的最终通知结果为准。

在本次演习开发正式开始之前,安排一次演习开发任务说明会(即,启动仪式)。在本次演习开发之后,会安排一次演习成果发表会,以小组的形式发表演习成果。并评选出优胜小组。

详细的演习计划以及相关指导教育人员的工作安排,请参见表 6-9。

表 6-9　演习计划以及相关指导教育人员的工作安排

第1周(日期 1—6)

月度	课时	周日	周一 1	周二 2	周三 3	周四 4	周五 5	周六 6
	一		日语	黑盒实战(郭)			日语	
	二		日语	黑盒实战(郭)	日语	FD&SD(吴,翁)	日语	FD&SD(吴)
	三		黑盒实战(郭)		演习任务布置(韩)	FD&SD(吴,翁)	FD&SD(吴)	
	四		黑盒实战(郭)		演习任务布置(韩)			
	晚							

> 检查重点:FD的作成情况。另,负责回答SD作成和编码技术调查的相关问题。

第2周(日期 7—13)

月度	课时	周日 7	周一 8	周二 9	周三 10	周四 11	周五 12	周六 13
	一						日语	MK1&MK1R&MK23(查,翁)
	二			FD&SD(吴)	日语	FD&SD(吴)	日语	MK1&MK1R&MK23(查,翁)
	三		FD&SD(吴)	下午:戴昊	FD&SD(吴)	FD&SD(吴)	FD&SD(吴)	(X 软考取消!使用业余时间)
	四						黄开彬	
	晚							

> 18日下午:CT计划作成,及测试用例制作说明会:担当:郭老师;实施方法:按小组个别指导。

> 检查重点:编码技术调查,特别是J2EE小组。另外,需要关注SD的作成情况。.Net组事项将技术调查报告发给戴昊check。

> (左侧注)本周,视编码推进情况是否顺利,如果不顺利的话,戴昊和黄开彬可能还需要出差0.5天,进行现场指导。

第3周(日期 14—20) 十一月

月度	课时	周日 14	周一 15	周二 16	周三 17	周四 18	周五 19	周六 20
十一月	一		日语	MK1&MK1R&MK23(查,翁)		MK1&MK1R&MK23(查,翁)	日语	
	二		日语	MK1&MK1R&MK23(查,翁)	日语	MK1&MK1R&MK23(查,翁)	日语	MK1&MK1R&MK23(查,翁)
	三		MK1&MK1R&MK23(查,翁)戴昊	下午:黄开彬	MK1&MK1R&MK23(查,翁)	下午:黄开彬,戴昊	MK1&MK1R&MK23(查,翁)	MK1&MK1R&MK23(查,翁)
	四		MK1&MK1R&MK23(查,翁)戴昊					
	晚							

> 检查重点:.Net组的技术调查报告,SD,另外,需要检查编码规范的学习情况,特别是.Net小组:

> 检查重点:编码过程中的答疑,J2EE组的编码规范的学习情况。

> 指导重点:编码过程中的答疑,SVN使用等配置管理执行情况。

续表 6-9

	21	22	23	24	25	26	27
一		日语	MK1&MK1R&MK23（查，翁）	日语	CT（郭）	日语	CT（郭）
二							
三		MK1&MK1R&MK23（查，翁）黄开彬		CT（郭）		CT（郭）	
四						戴昊	
晚							

辅导重点：代码Review结果，剩余的编码答疑。

24下午：CT用例设计跟踪，及自动化测试脚本设计指导

辅导重点：要因分析，及测试用例作成情况。

	28	29	30
一		日语	CT（郭）
二			
三		CT（郭）	
四			
晚			

				1	2	3	4
一						日语	
二				日语	发表PPT作成（演习小组）		
三				CT（郭）纳品（演习小组）		发表PPT作成（演习小组）	
四							
晚							

十二月

	5	6	7	8	9	10	11
一		日语	发表准备（演习小组）			日语	
二				日语			
三		FNST报到	发表（演习小组）				
四							
晚							

完成人：（隐去）

215

南京工业职业技术学院富士通班(2009 年)演习开发课题说明

♯演习开发课题:开发一个订饭管理系统,此系统包 2 个子系统:人员管理系统,订饭系统。这 2 个子系统的说明,请参照下文。

♯**子系统 1:**开发一个人员管理系统。包括如下几个页面:人员 index(人员一览表),人员 new(注册用户,系统管理员使用),人员 edit(更改人员信息),人员 show(显示人员信息),人员 register(注册用户,一般用户使用)

index 页面:显示系统中已注册人员的信息概要一览。

new 页面:向系统中注册新的人员信息,系统管理员使用。

edit 页面:更改系统中已注册人员的注册信息。

show 页面:显示系统中已经注册人员的详细信息。

register 页面:一般用户使用此功能注册自己的信息,一般人员使用。

使用人员及权限说明:

(1) 系统管理员:人员管理系统的系统管理员。具有对 index,new,edit,show,register 的访问或操作权限,以及设定某个人成为订饭责任人的权限。

(2) 一般用户:一般用户,具有如下页面的访问和操作权限。register(注册个人信息),show(显示自己个人信息),edit(编辑个人信息)。

功能需求说明如下:

(1) 人员信息包如下:工号(唯一,不可重复),姓名,性别,项目组,联系方式(手机),联系方式(内线),办公室所在楼层,员工类型(正式员工,实习生,外注人员,其他),登录密码,近期照片。

(2) 以上项目中,工号,姓名,性别,联系方式(内线),登录密码为必填类型。近期照片如果没有上传,使用系统默认照片。

(3) 员工号:5 位,纯数字。

(4) 员工类型:使用下拉列表框实现。

(5) 密码:不可以为空。在由系统管理员新建用户时,系统需要为用户设定初始密码。

(6) 如果是一般用户访问 edit 页面,edit 页面中可编辑的信息为:工号(唯一,不可重复),姓名,性别,项目组,联系方式(手机),联系方式(内线),办公室所在楼层,员工类型,登录密码,近期照片。

(7)如果是系统管理员访问 edit 页面,edit 页面中可编辑的信息,除了以上 5 种列举的条目以外,还要包括设置此人成为订饭责任人的选择项。

(8)在 index 页面中,需要为系统管理员提供删除现有账号的功能。

(9)index 页面中,必须包如下内容:工号,姓名,性别,联系方式(内线),近期照片。

(10)index 页面,无需分业显示。

(11)在功能设计和编码时,需要适当考虑基本的常见出错处理,特殊处理以及安全性问题。

(12)界面设计,由项目组自己决定。基本要求是,能够实现上述功能,并具备一定的易用性。使用 CSS 等技术对页面进行美化,属于高级要求,不做强制性要求。

开发技巧小提示:

(1)当系统管理员删除一个用户时,请不要在物理上直接把此用户的信息从数据库中删除。这样可以有效降低系统内部处理的复杂度,降低异常发生的可能性。具体使用什么实现方法,由演习项目组自己决定。

(2)new 页面和 edit 页面和 register 页面功能非常类似,可以共用一个模块实现。这样可以节省开发工作量。

子系统 2:开发一个订饭系统。本系统包 2 个模块:菜品管理模块和订饭模块。

(1)菜品管理模块:订饭责任人可以登录最新菜品,修改菜品价格等信息。菜品管理模块,包如下几个页面:菜品 index(菜品一览),菜品 new(添加菜品),菜品 edit(编辑菜品信息)。

(2)订饭模块:在人员管理系统中注册的人员,可以进行订饭。订饭责任人可以查看订饭结果,并为大家提供订饭服务。本系统包含如下的界面:订饭界面,订饭结果一览界面。订饭结果一览界面示例参见下文的附录 A(演习开发参与人员可以参照此示例画面进行修改)。

① index 页面:显示菜品一览。

② new 页面：添加新菜品。

③ edit 页面：编辑已登录菜品的信息。

④ 订饭界面：一般用户使用此功能进行订饭。

⑤ 订饭结果一览：界面显示某一天的订饭结果一览。能够查看每一天（当天）的订饭情况，进行集中统一订饭。另外，具有一些统计功能（例如，某一天的订饭总金额）的使用权限。

使用人员及权限说明：

（1）一般用户：能够使用已经注册的账号登录，进入订饭界面，进行订饭。

（2）订饭责任人：对如下界面具有访问或操作权限，index，new，edit，订饭结果一览。

功能需求说明如下：

菜品管理模块：

（1）菜品信息：包含如下内容：菜名、单价、单位、简介（字数要求：10～100），照片。其中，菜名和单价不可为空。没有照片时，可以使用系统默认的照片。

（2）index 页面：显示菜品一览。菜品的所有信息，均要显示在这个页面中。

（3）菜品的删除：可以在 index 页面中删除选中的菜品。

（4）edit 页面：修改菜名，单价以及简介，或者更新照片。

（5）单位：个，份，一两。在 new 页面和 edit 页面，均使用下拉框实现单位的选择。

（6）系统部署时，至少包括附录 B 中的菜品。照片和简介，请从网上自行下载。

（7）index 页面：无需分页显示。

订饭模块：

订饭结果一览表见表 6-9。具体说明如下：

（1）姓名，工号：从上面的人员管理系统（表）中读取。默认值为：空。

（2）订饭结果一览表中的“人员”的表示方式为：姓名（工号）。

（3）菜单：从菜品管理模块读取。

（4）单价：当选择菜名后，单价部分自动更新（不可手工编辑）。默认值为：空。

（5）数量：文本框。支持范围：3位数。默认值：1。

（6）总价：自动计算。

（7）"点菜"按钮：按此按钮，为相应人员增加一个菜。功能要求如下：①即时提交，局部刷新界面。②添加在该人最后一个菜的下方。

（8）"删除（菜名）"按钮：删除一个菜。功能要求如下：①即时提交；②局部刷新界面。

（9）"加人"按钮：添加一个人。功能要求如下：①即时提交，局部刷新界面。②添加在最后一个人的后面。另，本按钮总是显示在最后一个人的最后一个菜那一行。

（10）"删除（人员）"：删除此人及已经订的菜。功能要求如下：①即时提交；②局部刷新界面。

（11）总价：伴随相关操作，总价需要被更新。功能要求如下：①即时提交；②局部刷新界面。

（12）日期：从系统中读取当前日期。

（13）当选择菜名或更改数量后，"单价"和"总价"部分应自动局部更新。

（14）在功能设计和编码时，需要适当考虑基本的常见出错处理以及特殊处理。

（15）当编辑完"数量"（文本框），文本框失去焦点后，总价立即局部变更。

（16）按"提交"按钮后，表中的所有数据提交到数据库。操作结束时，弹出一个对话框，告知提交成功或失败。

（17）以上操作（第16项）失败时，需要返回订饭结果一览界面，并且界面上原来修改过的数据，不能丢失。

（18）进入订饭系统时，首先读取当天的日期，然后根据日期去相应的表格读取订饭信息。

订饭界面的说明如下：

（1）本界面包括两大部分的内容。①显示此人最近一周的订餐情况。②显示最新菜单，提供订饭服务功能。

（2）在时间没有超过订饭当天晚上 9 点以前，用户可以在订饭界面上修改自己当天的订饭结果。晚上 9 点以后，此记录成为历史记录，不可以再修改。

开发技巧小提示：

（1）当系统管理员删除一个已经被使用过菜品时（也就是说，这个菜品已经被人预定过），请不要在物理上直接把此菜品的信息从数据库中删除。这样可以有效降低系统内部处理的复杂度，降低异常发生的可能性。

（2）当需要改变一个菜品的单价时，有可能会引发过往的历史数据也会发生改变。为了避免这一类问题的发生，设计数据库结构时，需要进行必要的考虑。

开发技术要求说明：

（1）编码技术：在 J2EE、.Net 和 RoR（Ruby On Rails）中，任选一种编码技术（必须以项目组为单位，也就是说，同一项目组必须选用同样的实现技术）。在选择 RoR 的情况下，可以直接利用 Rails 提供的功能实现 index，new，edit，show。

（2）数据库：使用 MySQL，或 SQL Server。

（3）系统架构：B/S 架构或 C/S 架构，任选一种。

（4）浏览器相关规定：如果选用 B/S 架构，必须支持 IE8（即，选择 IE8 作为系统运行的标准浏览器）。

（5）配置管理：选用 SVN。如有特殊情况，另外商量。使用其他配置管理方法，需要获得老师的批准。

（6）编码相关：需要遵守制定的编码规范。.Net 编码规范：另外通知。J2EE 编码规范：另外通知。RoR 编码规范：Ruby 编码规约（LEO2 版：2007/11/19）。

（7）白盒测试相关：在演习开发小组力所能及和时间允许的情况下，建议使用 JUnit 等专业的白盒测试工具。

（8）黑盒测试相关：黑盒测试（CT）工具，使用 QTP（至少一部分的 UI 测试，需要使用 QTP。具体情况，由指导老师明确）。Bug 管理系统，使用 Bugfre。

（9）项目开发管理：使用 SPIF 进行进度控制等开发管理。

表 6-10　订饭结果一览表(有订饭数据的状态)

订饭系统

订饭结果一览表

日期： XXXX 年 XX 月 XX 日

序号	人员	菜单	单价	数量	单位	总价	菜品增删		人员增删	
1	王正线(10019) ▼	米线 ▼	10	1	份 ▼	32		删除		
2		青椒肉丝 ▼	12	1	份 ▼		点菜	删除		删除
3	叶学(09012) ▼	米饭 ▼	0.5	6	两 ▼	13		删除		
4		西红柿炒鸡蛋 ▼	5	1	份 ▼			删除		
5		紫菜蛋汤 ▼	5	1	份 ▼		点菜	删除		删除
6	李文(02018) ▼	牛肉盖浇饭 ▼	15	1	份 ▼	15	点菜	删除		删除
7	康乾(07048) ▼	米饭 ▼	3	2	份 ▼	12		删除		
8		咸鸭蛋 ▼	3	2	份 ▼		点菜	删除		删除
9	胡文明(04028) ▼	馒头 ▼	1	6	个 ▼	11		删除		
10		青椒毛豆 ▼	5	1	份 ▼		点菜	删除	加人	删除
合计				14		83				

提交

表 6-10 界面的初始界面(即，数据库中没有当天的订饭数据，第一次进入时的界面)如图 6-2。

订饭系统

订饭结果一览表

日期： XXXX 年 XX 月 XX 日

目前没有订单发生！

序号	人员	菜单	单价	数量	单位	总价	菜品增删		人员增删	
1	▼	▼		0	▼		点菜	删除	加人	删除
合计				0		0				

图 6-2

表 6-11　附录 B 的菜品一览表

编号	菜名	单价	单位	编号	菜名	单价	单位
1	米线	10	份	3	馒头	1	个
2	米饭	0.5	两	4	青椒肉丝	12	份

续表 6-11

编号	菜名	单价	单位	编号	菜名	单价	单位
5	西红柿草鸡蛋	5	份	10	红烧茄子	5	份
6	菜蛋汤	5	份	11	红烧鲫鱼	12	份
7	牛肉盖浇饭	15	份	12	炒青菜	5	份
8	咸鸭蛋	3	个	13	老鸭煲	50	份
9	青椒毛豆	5	份				

附录 C:子系统 2(订饭系统)考查技能点

(1)实现 2 重"增加和删除"(人员和菜品)的实现算法(逻辑)。

(2)使用脚本实现页面的局部动态更新。

(3)实现中等难度数据库(表)的设计。

2."演习开发"开发团队组成

南京工业职业技术学院富士通班(2009 年)演习开发团队编成

制作人:(略去),完成时间:2011/11/02

在本次演习开发中,模拟实际的工作环境和组织体系。在此条件下,编成演习开发小组,明确相关人员的角色和工作职责,实际推进开发工作。

1. 演习开发小组的编成

根据目前收集到的信息(33 名学生,其中,4 人有.Net 学习经历,12 人有 J2EE 学习经历。其余 17 人有 Java 学习经历),作出如下的演习小组编排决定。

(1)编成 6 个演习开发小组。其中,.Net 小组 1 个,J2EE 小组 5 个。

(2).Net 小组:4 名.Net 学生+2 名其余学生(计媒)。

(3)J2EE 小组:2~3 人 J2EE 学生+2 名其余学生。

演习小组	项目经理	小组成员	人数	备注说明
team1			6	.Net 演习开发小组
team2			5	J2EE 演习开发小组

续表

演习小组	项目经理	小组成员	人数	备注说明
team3			6	J2EE 演习开发小组
team4			5	J2EE 演习开发小组
team5			5	.Net 演习开发小组
team6			6	J2EE 演习开发小组

2. 演习开发角色扮演

(1) 客户:开发部长

(2) 高级经理(课长):4 位老师。

(3) 高级工程师:教育培训部专员。

(4) 项目经理:共需 6 名。条件要求:①性格活跃,交流沟通能力强;②有一定的组织能力;③主动性强,具有强烈的责任心和使命感;④具有一定的承受压力的心理素质;⑤有过 B\S 或 C\S 系统开发的学习经历。

(5) 项目组成员:负责承担分配到的开发工作。

3. 演习参与人员担当职责说明见表 6-12。

表 6-12 演习参与人员担当职责说明

角色	职责说明	备注
客户	在 FD 结束时间点,检查 FD(high level)是否满足需求。 在 MK1 结束时间点,检查实际程序是否符合需求(high level)。 在 CT 结束时间点,检查最终程序的质量(high level,基本功能集,基本正常系操作)。 在演习开发完全结束后,检查发表用 PPT	由开发部长担当
高级经理(课长)	FD 结束时间点,检查 FD(low level)是否满足需求。同时针对 FD 作成发生的问题,对学生进行纠错和辅导。如果无法解决,可以和客户联系,进行明确。 SD 结束时间点,检查 SD(low level)。检查点包括:①程序的整体架构设计是否正确;②数据库设计是否正确。如果有无法解决的问题,请向高级工程师求助。	相当于产品经理。所有检查过程中,对于发生的问题,应对学生进行充分的指导和教育,这是极其重要的。

续表 6-12

角色	职责说明	备注
	MK1 结束时间点,检查学生代码的编写情况(high level)。可以初步浏览代码,以及运行代码来把握实际情况。如果发生学生根本没有编码能,无法编码时,请向高级工程师求助。如果仍然无法在 deadline 前完成开发的话,请及时和客户取得联系。(这种情况,应极力避免!) MK1R 结束时间点,检查学生的 checklist 和 review 报告(low level),评价 review 质量。 MK23 结束时间点,检查学生的测试用例和测试结果报告(low level),评价测试的质量。 CT 结束时间点,检查学生作成的测试用例和测试报告,评价测试效果以及最终程序的质量。这种情况下,需要抽取部分复杂的测试用例进行实际运行。 演习发表用 PPT 的作成指导和检查。 演习过程中的其他职责:①批准开发计划;②品质确保(通过检查各类产物的 Review 报告,check list,报告模板等);③根据开发计划,有计划地检查文档和源代码等产物,粗略检查即可;④负责对于开发过程的答疑和指导	担当高级经理角色的南工院教师的工作分配,在演习开发概要计划中进行说明
高级工程师	在 SD 结束时间点,对数据库的设计和代码结构设计进行详细检查(low level),以避免编码后期阶段可能发生大规模返工。特别是在高级经理的请求下,应给予及时的技术支援。 在 MK1 实施过程中,负责解答来自于高级经理或项目经理的技术问题。特别是在存在重大技术问题的情况下。 MK1R 结束时间点,检查学生的 checklist 和 review 报告(high level),评价 review 质量。此项工作,可以和高级经理一起进行。 MK23 结束时间点,检查学生的测试报告(high level),评价测试质量。 CT 结束时间点,检查测试报告(high level),评价测试质量。	相当于技术经理。对于 MK1R,MK23,CT 实施质量的评价,由高级经理主导,经高级经理和高级工程师共通评价后得出。在本次演习开发中,在客户担当出差期间,负责担当客户的角色。

续表6-12

角色	职责说明	备注
项目经理	是项目级的最终责任人,对自己项目开发的成败,负有直接的责任。对所有产物的开发进度,以及品质负责。 制定开发计划,测试计划等各项计划。并报高级经理批准。 负责召集团队成员,举行各种会议。 统领整个项目组,推进整个项目的开发工作。 是项目组和高级经理(有时,也包括高级工程师)沟通的桥梁。 对于开发过程中遇到的非预期问题(还没有明确由谁来做的工作任务),项目经理是第一责任人。 对于开发过程中遭遇到的重大问题,项目经理是问题解决的带头人,或者是问题解决的直接担当。 在遇见到可能有项目组很难逾越的问题时,需要主动和高级经理联系。 当发生严重进度延迟或者重大品质问题时,需要及时向高经理汇报	
项目组成员	负责完成被分配和指定的开发工作。并且,需要守时(按照开发计划)和确保基本的开发品质。 对于非预期的开发任务和问题,需要及时上报项目经理	

3. "演习开发"产物说明

南京工业职业技术学院富士通班(2009年)演习开发成果一览表

作成人:(* *),完成时间:2011/11/02

本次演习开发中,需要提交如下的产物。一共有2大类:开发类见表6-13,项目管理类见表6-14。相关说明如下。

表6-13 开发类提交产物明细表

NO.	成果	最晚提交日	产物类型	备注
1	分析报告书FD(第一次稳定版)	2011/11/10	Word	3. 文档页数要求:最少10页,最多20页(不含封面和封底)。 4. 最终版FD,12月1日提交。

续表 6-13

NO.	成果	最晚提交日	产物类型	备注
2	FD Review 报告书	2011/11/10	SPIF	最终版,12 月 1 日提交
3	报告书 SD(第一次稳定版)	2011/11/12	WORD	3. 文档页数要求:最少 6 页,最多 30 页(不含封面和封底)。 4. 最终版 SD,12 月 1 日提交
4	SD Review 报告书	2011/11/12	SPIF	3. Review 标准:参照公司统一标准。 4. 最终版,12 月 1 日提交
5	主要技术问题解决方法调查报告书	2011/11/12	Word	罗列本次开发中可能碰到的重大技术问题,本调查解决方法。页数限定:2 页/问题
6	代码(Source)(中间稳定版)	2011/11/19	源代码	3. 提交 MK1R 后的代码给高级经理检查。 4. 最终版源代码,12 月 1 日提交
7	MK1 Review 报告书	2011/11/19	SPIF	4. Review 标准:参照公司统一标准。 5. 包 checklist。 6. 最终版,12 月 1 日提交
8	MK23 计划书/报告书	2011/11/22	EXCEL/SPIF	3. 覆盖度要求:语句覆盖。 4. 最终版,12 月 1 日提交
9	CT 计划书/报告书	2011/11/25	EXCEL/SPIF	3. CT 标准:参照公司统一标准。 4. 最终版,12 月 1 日提交
10	可执行模块	2011/12/1	可部署包/可执行程序	
11	部署/使用说明书	2011/12/1	WORD	

注 1:上表中的最晚提交日是指,在各演习小组制定开发计划以及实际提交产物时,不可以逾越的日期。各产物的实际纳品日,由各项目组在制定开发计划时予以明确,并反映到开发计划中。

注 2:11 月 6 日,11 月 7 日,11 月 20 日和 11 月 27 日是周六,进行自主开发(具体的最终结论,另外需要最终确认)。加上这 4 天时间,一共有 18 天的有效工作日。

表 6-14　开发类提交产物明细表

NO.	成果	最晚提交日	类型	备　　注
1	开发计划	2011/11/5	SPIF（Excel）	使用 SPIF 作成开发计划
2	配置管理计划	2011/11/6	SPIF（Excel）/ Word	
3	各次会议记录	2011/12/1	Excel/Word/ Text/email	演习开发过程中，至少记录 3 次会议记录。Review 会议，可以不记录会议记录
4	演习结束发表资料	2011/12/3	PPT	预计 12 月 7 日下午发表

6.3.2　"演习开发"课题实施阶段

1. "演习开发"生成文档结构图

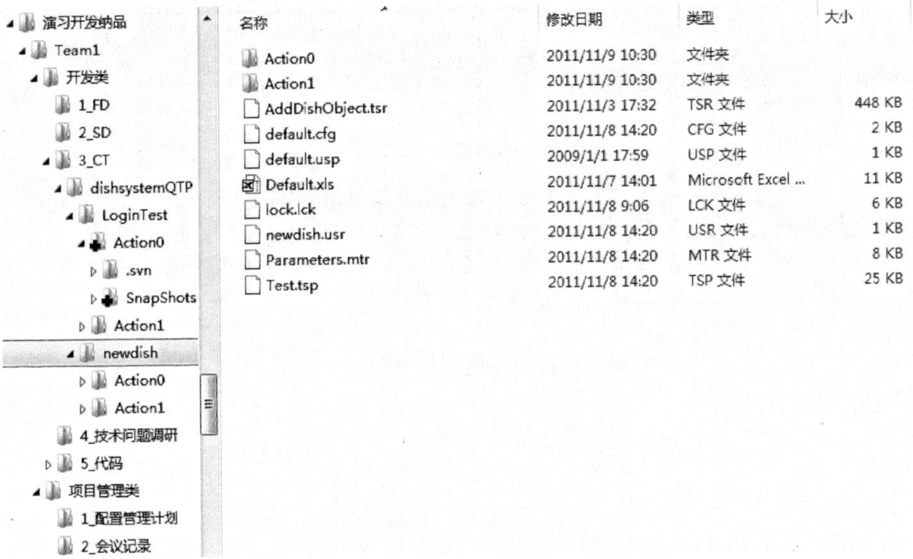

图 6-3　开发组生成文档结构图

2. 演习开发 FD 式样书节选

文档编号：FD001
项目编号：FD001

订饭管理系统
功能式样书

版数	日期[年/月/日]	项目组长	审核教师
v2.1	2011/11/08		

修改履历

版本	更改日	修改位置	修改概要	更改者	批准者
V1.0					
V2.0	2011/11/7	数据规格说明	建议大概说明数据要求	霍美玲	
		控件编号与说明	对页面中所有控件编号，并进行详细说明	祝婷,郑沂娟,宋冬冬,夏岩	
		按钮说明	按钮功能详细说明	祝婷,郑沂娟,宋冬冬,夏岩	
		人员注册修改页面	姓名应该小于5位,手机号11位,内线6位	祝婷	
V2.1	2011/11/8	控件命名	统一命名,避免重复	夏岩	
V2.2	2011/11/14	功能描述	描述身份权限的区别	祝婷,郑沂娟,霍美玲	
	2011/11/28	界面样式	系统页面截图	霍美玲	

3. 演习开发辅导人员工作日志节选

<u>南工院富士通班（2011年）演习开发　辅导人员工作日志</u>

汇报时间：　2011/11/24　汇报人员：　　查/翁/郭　　工作日：　2011/11/24　工作人员：　　查/翁/郭

工作日志		
整体状况总结		**行动事项（Action Item）**
今天主要完成了如下工作： 1）检查确认每组MK1R报告，仍有许多细节错误，指导整改 --查/翁 2）分别组织第1、4、5组进行MK1R，指导他们如何进行代码的会议评审 --查/翁 3）继续确认代码推进情况，第1、4、5组基本功能完成，第2组除订餐一览（70%）外，其他基本完成，第6组和第3组进展较慢 --查/翁 4）完成第1、2、4组的CT测试用例的检查，第1组理解有偏差，第2、4组周五能完成全部CT测试用例 --郭 5）完成bugfree的安装部署 --郭 6）解决学生的实际问题-查/翁/郭		AI01）明天继续检查整体推进情况 AI02）明天指导2、3、6组进行MK1的会议评审 AI03）明天提醒各小组修改SD和FD，以对应代码的修改 AI04）明天检查MK23报告
各小组辅导情况		
team1		team2
1.功能点完成，处理细节和健壮性 2.MK1R整改 3.MK23：100% --报告待确认		1.订餐一览表 70% 其他处理细节和健壮性 2.MK1R整改 3.MK23：40%
team3		team4
1.大部分功能都有错误，不能正确运行 2.普通用户的订餐20%、一周订餐一览未实现 3.菜品的修改、详情和订餐一览都未实现 4.MK1R整改 5.MK23 20%		1.完成所有功能，样式需要美化 2.MK1R 整改 3.MK23 35%
team5		team6
1.功能点完成，处理细节和健壮性 2.MK1R整改 3.MK23：80%		1.订餐一览表30% 2.用户的一周订餐一览50% 3.MK1R整改 4.MK2360%
重特大问题一览		

编号	问题内容	提交人员	提交日期	解决人员	解决日期
1	目前第3组的代码进度延误太多，存在不能完成的风险	翁英萍	2011/11/24	第3组	2011/11/25

图 6-4　辅导人员工作日志节选

4. 演习开发 MK 阶段总结

"演习开发"MK 阶段的工作总结

作成人：　　　　　　作成时间：2011/11/26

一、本阶段的工作总结

这次实战演练的 MK 阶段的指导时间为 15～26 号，总共 10 天（70 学时），指导各组完成了所有功能的编码、代码评审和代码的白盒测试（debug 方式），比计划延迟 1 天。

整个指导过程存在以下问题：

◇ 订餐结果一览页面的难度超出预期，造成各组花费过多的时间，除了第

　　1、2组能严格按照需求完成之外，其他小组都有不同程度的变通；

◇ 由于模板没有事前进行充分的 Review 和讲解,使各组的文档作成需要多次修改;

◇ 前期课程讲解和实战演练未能很好结合,在后期实战演练过程中未能很好应用前期的知识;

◇ 各组对文档作成的必要性和重要性理解不足;

◇ 指导老师在实战演练之前对各阶段文档的要求没有进行充分的沟通,所以存在理解不一致的情况。

建议:

◇ 将前期课程讲解和实战演练结合,边讲边做;

◇ 作成一份高质量的文档模板;

◇ 在实战演练的各阶段开始之前,对各组进行充分的指导,避免理解的偏差。

二、各小组评价

6 个小组的项目管理、进度监控、版本控制、文档作成等都比较欠缺。各组的详细情况见表 6-14。

从完成的系统来看:

◇ 第 5 组的页面布局和效果、用户体验最好;

◇ 第 2 组的代码架构最好;

◇ 第 4 组的团队协作最好;

◇ 第 1 组的编程、协作等方面都是中上水平;

◇ 第 6 组的整体编程能力欠缺;

◇ 第 3 组由于小组成员的性格都比较内向,沟通能力较弱,编程能力也较弱,造成项目的延迟较大,代码和文档的质量都不高。

表 6-15　各组的整体评价

组别	设计	功能实现	编码规范	组员能力	
1	.NET 的 C/S	100%	符合90%	时林涛	沟通、编程能力不错组织能力略有欠缺
	未采用分层结构			王莹莹	编程能力不错
	未实现国际化			其他	沟通能力欠缺

续表 6-15

组别	设计	功能实现	编码规范	组员能力	
2	J2EE 的 B/S	100%	符合95%	张普	编程能力不错 学习能力不错 组织能力欠缺
	使用 MVC 使用 DAO			徐辰辰	编程能力不错
	实现国际化95%			其他	沟通能力一般
3	J2EE 的 B/S	75%	符合80%	张宇	编程能力尚可 沟通、组织能力严重不足 性格非常内向
	使用 MVC 使用 DAO	裁减一周 订单一览		马新强	学习能力尚可 性格内向
	未实现国际化	裁剪订单 结果一览		其他	性格内向
4	J2EE 的 B/S	100%	符合70%	张涛	学习能力不错 组织能力不错
	使用 MVC 使用 DAO			夏秀菊	编程能力不错 学习能力不错
				姚玲	编程能力不错 学习能力不错
	未实现国际化			其他	沟通协作能力尚可
5	.NET 的 B/S	100%	符合90%	杨利兵	编程能力很强 学习能力很强 组织能力欠缺
	使用 DAO 未使用 MVC			符安招	编程能力尚可 文档组织能力不错 性格内向
	未实现国际化			其他	沟通能力一般
6	J2EE 的 B/S	75%	符合85%	夏梅	编程能力尚可 沟通、组织能力不错
	使用 MVC 使用 DAO	裁剪订单 结果一览		孙德海	编程能力尚可 性格内向
	未实现国际化			其他	沟通能力尚可

6.3.3 "演习开发"课题发表阶段

1. 演习发表各组汇报内容节选

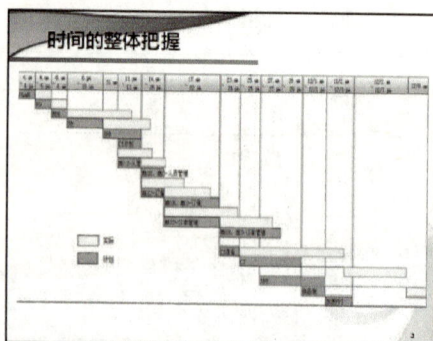

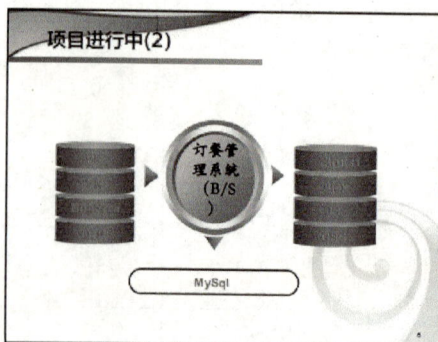

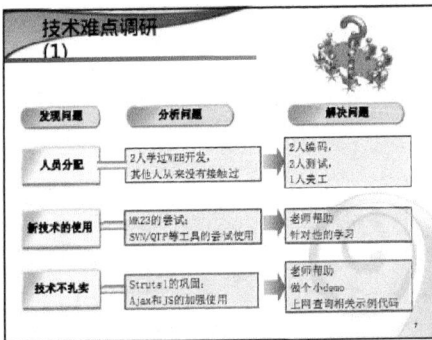

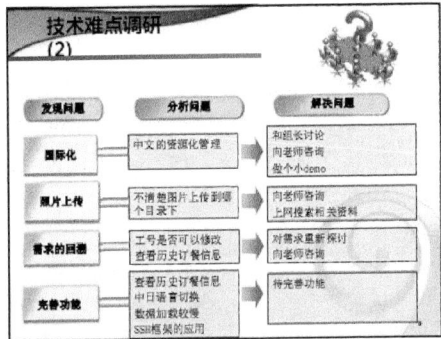

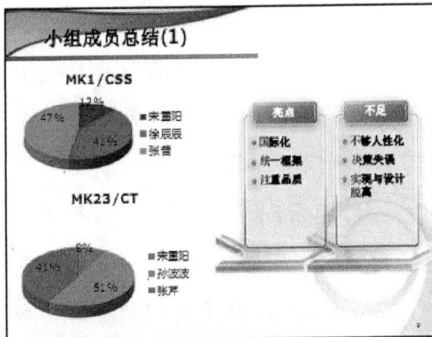

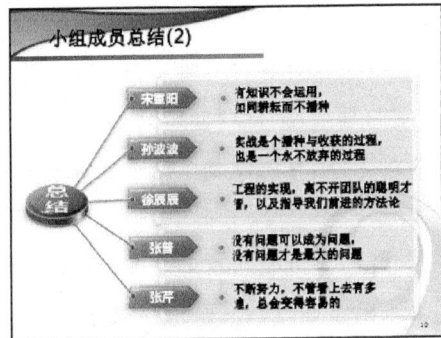

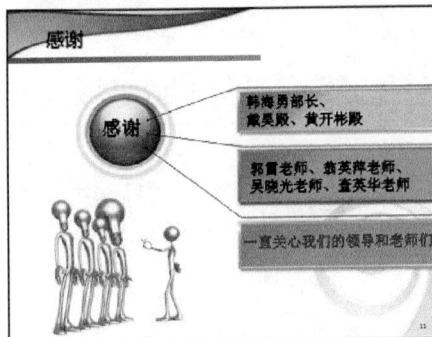

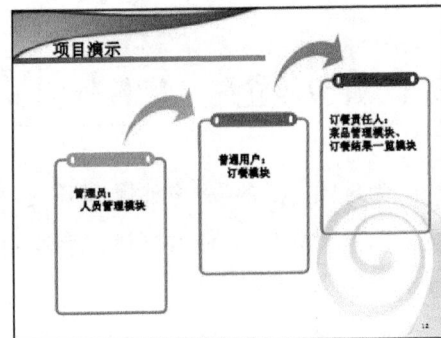

图 6-5 学生"演习发表"各组汇报 PPT 节选

第七章　保障深入合作的机制与制度建设

　　校企双方联合专业共建的良性发展，关键在于遵循学校、企业等主体运行规则的基础上，合理分析与调和双方诉求，创新运行机制，建立保障双方积极性的专项管理与运行制度。笔者在多年主导与富士通南大深度合作中，针对双方合作实践中存在的问题，一直在体制机制上探索，探索出了一套切实可行的专业共建运作机制与管理制度，深化了双方深度合作的关系，保障了专业共建的和谐、科学运行。从某种意义来讲，校企合作的成效好坏，直接决定着高职办学成效。

7.1　建立校企融合软件外包服务专业工作机制与制度　<<<<

　　为理顺、保障校企合作顺利开展，由本人负责起草多项相关文件与办法摘录如下，经部门与企业共同研讨后实施。

　　1. 共识前行

　　专业建设是计算机与软件学院重要内容，直接体现分院的办学水平和办学特色，反映学院的教育教学质量。软件外包服务专业为软件技术专业群下的重要专业，建设主体为双主体：即由计算机软件学院、南京富士通南大软件技术有限公司，根据学校相关专业建设的管理文件，依据"五对接"人才培养模式进行软件外包服务专业的建设与改革。

　　按照软件服务外包相关的职业岗位群和职业技能特点，以培养适应软件外包企业一线工作的高技能人才为根本，不断探索教学及人才培养的途径。把该专业建设成为软件人才的摇篮、技术服务的基地。充分发挥本专业在建设过程中初步形成校企共建优势,深化双方合作,在合作中逐步将该专业打造成省内领先、国内知名的专业方向。形成校企合作的典范。

2.专业建设的基本原则

专业建设坚持优化专业结构和提高专业质量相结合的原则。以富士通南大作为专业建设的依据,根据社会经济发展及产业结构调整的需要和学院发展规划,重点做好与企业的"五对接"人才培养方案制订、教师顶岗锻炼、共编教材、同组混编教学团队、共建工作室等专业共建合作项目的实施,以专业人才培养模式改革为切入点,以专业课程群建设为核心,以加强教学基本条件建设为保障,提高专业教学质量。

依据校企合作协议进行专业建设。2010 年双方建立合作关系,签订了《校企战略合作协议书》《关于校企合作派遣 2008 级学生实训的协议书》《关于校企合作派遣 2010 级学生实训的协议书》《校企合作奖学(教)金专项协议书》等 5 份协议书。每年进行一次战略研讨会,研讨专业建设的方向与内容。

3.专业建设的组织

专业建设在学校专业建设工作委员会、教学工作委员会的领导下,成立该专业的教学工作委员,人员按校企双方 1∶1 来组建;实行校企双主体负责人制,专业建设的具体工作由双方协商决定。

教学工作委员会根据其职责要求,结合社会发展需求,审视双方的合作,相关规章制度、专业建设评估指标体系等学院文件,审查专业建设方案和计划书,审查、分配、检查重点专业建设经费及其使用情况,检查专业建设的进展情况,组织开展重点专业建设评估验收等,负责专业的教学质量保障体系建设。专业建设工作的日常管理由分院副院长负责。

专业建设实行双负责人负责制。负责人一般由专业所在系(部)具有副教授及以企业方的开发部部长担任。其主要职责是:根据学院和系(部)专业建设规划或计划以及学院相关规定,具体负责调查论证该专业的专业建设方案和计划书的制定、建设任务的分解与落实、专业实验室规划以及建设论证等工作,并根据学院和系(部)相关要求接受检查或上报专业建设进度和总结,开展专业建设工作的自评考核以及日常管理工作。

4. 专业建设的要素保证

双方员工深度融合,组建混编团队。校内教师下企业,顶岗锻炼半年以上,参与企业外包项目,提升专业实践能力和实践教学水平;企业的管理与技术人员进课堂,对学生进行企业技术与文化教育,实质性地参与教学工作。团队对接是校企融合共育人才的关键。教学团队内部学习沟通交流机制,如:每月沟通一次,调整教学进度;每学期企业人员的讲座 4 次。

建立新型教学管理专业管理与质量保障。学院制定了《提高软件服务外包专业方向人才培养质量的意见》,对进一步规范本专业的规范管理和建设提出了建设性意见,从制度上保障了专业建设的规范。

5. 专业监督检查评估机制

学院建立专业建设保障机制和专业监督检查评估机制,成立本专业教学指导委员会,对专业设置、建设、调整、评估等提供决策和咨询。本专业的人才培养方案、教学计划、课程标准等教学文件须经专业教学指导委员会批转方可实施。专业教学指导委员会牵头,由专业带头人负责实施,组织开展专业自查自评工作,进行年度专业检查与评估,发布专业建设质量年度报告,接受社会与学校的监督。对评估结果及时进行分析,发现问题,及时整改与完善。

对专业进行常态化的诊断与审核,发现专业建设和专业教学实际运行环节中存在的各种显性和隐性的问题,促进专业建设与专业教学质量水平的持续改进和提升。通过自主开展多层面、多维度的诊断与改进工作,逐步建成覆盖全员、贯穿全程、纵横衔接、网络互动的常态化教学工作诊断与改进制度体系,形成富有内生活力和创新激情的良性机制。

6. 实践条件建设

根据软件外包服务专业人才培养的实际需求,结合本专业的课程体系,开展软件外包服务专业的实训条件建设。在实训条件建设中,突出体现软件技术专业的职业性、开放性,建立真实的职业环境,裁剪企业的真实项目,以软件项目为载体,采用基于"演习开发"的项目实践,培养学生的软件开发能力与软件技术服务能力。实训基地见图 7-1。

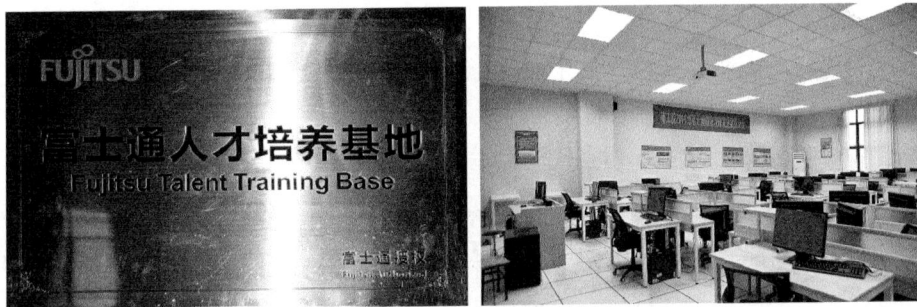

图 7-1　人才培养基地

7.2　建立教学激励机制 　　　　　　　　　　　　　<<<<<

团队绩效评价激励机制。双方每年投入固定经费用于保障校企双方的激励与运行,根据"混编师资团队"的工作业绩和运行机制,以及团队所承担的项目研发、职业技能培训或岗位培训任务等项目实施完成情况、"专兼结合"人力资源的分配使用情况及学院教育教学开展等方面工作情况进行绩效评价,对业绩突出的"混编师资团队"进行表彰、奖励。对团队中绩效评价优秀的专业教师,除认同其企业实践和社会服务经历外,在项目申报、评奖评优中给予优先考虑;对团队中教学效果好、表现突出的企业技术人员进行奖励。

1. 企业年投入 10 万元

"富士通奖学(教)金"奖金总额为人民币十万元/年,设富士通奖学金与富士通奖教金两大类奖励。用于奖励在教学与专业建设的比较优秀的教师;在该专业同学中设立"优秀技术标兵""优秀技术团队"、日语勤学奖。每年的 12 月底提交专业建设总结、下年度建设计划,连同经费本及下年度经费预算表交评审委员会。

每届学生中共评选出 6 位"优秀技术标兵",10 个"优秀技术团队",30 位同学获日语勤学奖;共有 8 位教师获富士通奖教金。奖学(教)金的发放,有效地调动学生的学习积极性,也调动了教师参与本门专业教学的积极性。

(1)奖金总额比例

① 奖金总额 60% 设立富士通奖学金,以鼓励计算机与软件学院努力学习、

学有所成的同学；

② 奖金总额 40％设立富士通奖教金，以鼓励在富士通班教学中表现突出的教师。

（2）奖金子项说明

① 奖学金的 60％用于富士通班学生；40％用于计算机与软件学院的学生；

② 奖教金的 70％用于富士通班专任教师；30％面向计算机与软件学院的教师。

具体相关比例见表 7-1。

表 7-1　富士通奖学(教)金用途说明

大类	奖金分配比例	奖励子项	评审时间与范围
奖学金	60％	日语 N5 勤学奖	日语考试成绩揭晓后面向富士通班评审
		日语 N4 勤学奖	每年 3 月份和 10 月考试成绩揭晓后面向富士通班评审
		日语 N3 勤学奖	每年 3 月份和 10 月考试成绩揭晓后面向富士通班评审
		日语 N2 勤学奖	每年 3 月份和 10 月考试成绩揭晓后面向富士通班评审
		日语 N1 勤学奖	每年 3 月份和 10 月考试成绩揭晓后面向富士通班评审
		优秀技术标兵	每年 12 月份面向富士通班评审
		IT 卓越技术奖	每年 12 月份面向计算机与软件学院评审
奖教金	40％	专项技术能手	每年 12 月份，其中的 60％面向富士通专项技术的教师；40％面向计算机与软件学院非富士通班专业教师
		教学能手	每年 12 月份，面向富士通班进行教育的教师

（3）成立评审机构与制定管理办法

双方共同组建"富士通奖学(教)金评审委员会"负责富士通奖学(教)金的具体操作。由委员会制定出"富士通奖学(教)金"管理办法，作为富士通奖学(教)金的具体评审操作依据，通过公示无异议，成为富士通奖学金的获得者。

2. 学校按年投入固定专项经费

学校依据上一年度工作情况,投入专项经费,用于保障专业建设、课程建设、教学实施等活动。经费分配比例及使用范围见表7-2。

表 7-2　学校专项经费用途说明

科研与专业建设	课程建设	演习开发	双方活动与交流
30%	50%	10%	10%

专项经费中的80%部分,作为教学基本条件建设,包括教学资料收集、专业课程建设启动、设购置或研制开发等、专业调研、实验室建设调研、教学改革调研等;10%用于开发新型教学模式改革演习与教学实施;10%用于校企双方增进信任的活动、专业与教学研讨等教学活动。

参 考 文 献

［1］国务院关于加快发展现代职业教育的决定(国发〔2014〕19 号)[Z].2014-05-02.

［2］教育部关于深化职业教育教学改革全面提高人才培养质量的若干意见(教职成〔2015〕6 号)[Z].2015-07-27.

［3］高等职业教育创新发展行动计划(2015—2018)(教职成[2015]9 号)[Z].2015-10-19.

［4］职业学校教师企业实践规定(教师〔2016〕3 号)[Z].2016-05-11.

［5］卢兵,胡光永,等.校企共育国际化软件外包人才的创新与实践[J].中国职业技术教育,2015(2):36-40.

［6］姜大源.职业教育要义[M].北京:北京师范大学出版社,2017.

［7］R.M.加涅.教学设计原理[M].上海:华东师范大学出版社,1999.

［8］胡光永.订单式人才培养实践[J].中国职业技术教育,2012(26):9-11.

［9］邓泽民,张扬群.现代四大职教模式[M].2 版.北京:中国铁道出版社,2011.

［10］王文槿,林仙福.职业院校校企合作实务[M].北京:海洋出版社,2010.

［11］李瑞昌.基于校企合作教学内涵建设的认识和思考[J].潍坊高等职业教育,2010(5):11-13.

［12］邓泽民.职业教育教学设计(第四版)[M].北京:中国铁道出版社,2016.

［13］胡光永.深入推进软件技术专业校企合作的思考与实践[J].中国西部科技,2011(7):65-66.

［14］翁英萍,吴晓光等.演习开发——高职软件专业实践教学改革探索[J].江

苏第二师范学院学报,2015(3):117-120.

[15] 周建松. 现代高等职业教育创新发展研究[M]. 浙江:浙江大学出版社,2015.

[16] 张一春. 精品微课设计与开发[M]. 北京:高等教育出版社,2016.

[17] 杨静丽,胡光永. 高职软件技术专业顶岗实习研究与实践[J]. 兵团教育学院学报,2013(1):70-72.

[18] 黄瑛,胡光永. 建构主义在综合实训教学中的实践[J]. 南京工业职业技术学院学报,2015(3):63-66.

[19] 刘晓,徐珍珍. 职业教育产学研一体化办学模式研究[M]. 浙江:浙江大学出版社,2017.

[20] 陈德清,涂华锦,邱远. 职校企合作体制机制改革与实践[M]. 北京:北京理工大学出版社,2016.

[21] 易新河,文益民,陈智勇. 我国校企合作研究二十年综述[J]. 高教论坛,2014(2):36-41.

[22] 徐科军,黄云志. 校企合作培养创新人才的探索与实践[J]. 中国大学教学,2014(7):52-55.

[23] 金辉. 高等职业教育深化校企合作的应然路径[J]. 教育研究. 2010(4):56-59.

[24] 韩宝军. 高等职业教育工学结合人才培养模式实践研究[D]. 内蒙古师范大学,2011.

[25] 郑永进,吕林海. 国家示范(骨干)高职院校校企合作现状调查——来自全国 1 400 余家合作企业的调查[J]. 中国高教研究,2017(9):94-98.

[26] 张良. 职业素质本位的高职教育课程建构研究[D]. 湖南师范大学,2012.

[27] 张志强. 校企合作存在的问题与对策研究[J]. 中国职业技术教育,2012(4):62-66.

[28] 赵丽芳. 风景园林专业校企合作"订单式"人才培养方案与实施途径[J]. 教育教学论坛. 2017(30):30-31.

[29] 韦星. 高职"双师型"教师队伍建设与人才培养研究[J]. 湖北函授大学学报. 2017(5):12-14.

［30］（德）普法伊费尔.项目教学的理论与实践［M］.江苏教育出版社,2007.

［31］钱荣明.职业院校与企业深度合作进行人才培养的实践研究——以常州刘国钧高等职业技术学校汽车专业为例［J］.职教论坛,2016(35):42-44.

［32］王炳艳,张建林.高职院校校企合作的实践探索［J］.中国职业技术教育,2015(9):24-26.

［33］范灵.高职院校校企合作创新改革与对策研究［J］.职教论坛,2014(32):85-88.

［34］李俊飞,缪秋菊,邵琳艳.高职院校校企合作实践模式的简述与启示［J］.教育与职业,2014(29):163-164.

［35］邓洵.我国高等职业教育课程体系构建研究［D］.西北大学,2010.

［36］谭属春.工作过程导向的课程观质疑［J］.高等教育研究,2010(4):78-83.

［37］张志强.校企合作存在的问题与对策研究［J］.中国职业技术教育,2012(4):62-66.

［38］王振洪,邵建东.构建利益共同体推进校企深度合作［J］.中国高等教育,2011(Z1):61-63.

附录　南京富士通南大软件技术有限公司简介

1. 公司概括

南京富士通南大软件技术有限公司,1999 年由世界 500 强企业、国际著名的 IT 解决方案和服务提供商日本富士通株式会社和中国著名大学南京大学合资组建成立,是富士通软件事业集团在中国唯一的系统和基础软件研发中心,注册资金 123 万美元(富士通 78.9%,南京大学 21.1%)。自公司成立以来,本着"创造、信赖、挑战"的理念,面向国内外客户提供专业的外包服务,销售各类软件产品,以及提供企业信息化的咨询服务。目前,公司在"中国(南京)软件谷"拥有 18 000 平方米的自建的研发中心,并在中国江阴、苏州和日本横滨设有三个分支机构。

2. 主要资质

2017 年:获得 ISO26262 认证资质

2016 年:荣获第 13 届中国软件出口企业十强第 5 名,设立苏州事务所

2015 年:年度 AAA 级资信企业、中国服务外包网成长型企业 20 强

2014 年:年度全球最佳服务外包供应商中国三十强;年度全球最佳服务外包供应商 ITO 中国十五强;获得"ISO9001"认证资质

2013 年:正式入住研发中心二期

2011 年:"中国软件出口品牌之星""100 强中国服务外包成长型企业"

2009 年:江苏省南京市国际服务外包企业协会常务理事 & 副会长单位、建设独立研发中心;获得 ISO14001 认证资质

3. 精尖团队

(1) 世界级的 Linux 的开发专业团队

Linux 团队是一支专注于 Linux 领域开发、测试、维护的国际顶尖团队。

业务领域涉及企业级 Linux、嵌入式 OS 和国内自主三大块。

Linux 团队自 03 年起为社区做出了巨大的贡献,通过提供 Patch 和参加

主办国际社区技术会议在业界积累了响亮的名气。Linux 团队还参与了富士通嵌入式 OS ubinux 和 μT-Kernel 的开发。在国内，Linux 团队与国内某 I 公司、国内某 N 公司及国内某 F 公司联合研发、定制开发，在合作中拓展更加广阔的市场。

（2）实力中坚的中间件开发团队

拥有超过 400 人的研发团队，具有大量基于云计算和大数据处理的应用系统构筑和开发的领先技术和经验。全面参与富士通新一代中间件系统开发，在富士通负责构建的东京证券交易所 Arrowhead 系统中，参与了数据库、应用服务、IT 资源管理等各项工作。

（3）汽车电子 & 车联网软件开发的专业团队

拥有超过 200 人的汽车电子行业研发团队，以汽车电子领域知识和嵌入式技术为核心竞争力，致力于汽车电子（Automotive Electronics）、车载嵌入式（Embedded In-Vehicle）、移动物联网（Mobility-IoT）等领域的技术服务和产品开发。多年来基于 MBD、AUTOSAR、ISO26262 等国际标准，积累了基于各种 MCU 平台的丰富开发经验，精通于嵌入式 Linux、μITRON、OSEK OS、VxWorks 等主流嵌入式操作系统，覆盖驱动、boot、中间件、上层应用等各个层次。从产品提案企划到研发，我们为您提供全面的技术服务和解决方案。

（4）从虚拟化到软件服务的云计算开发团队

全面承担富士通商用和开源 OSS 云计算软件研发。云计算团队参与的项目设计的产品包括：富士通储存虚拟化产品 ETERNUS VX700、富士通私有管理软件 Resource Orchestrator、富士通数据中心软件配置管理软件 Software Configuration Manager、富士通储存管理软件 ETERNUS SF、富士通高可靠集群软件 PRIMECLUSTER、富士通共有云计算服务 FGCP/S5、富士通 Business Solution Store、富士通南大软件过程集成管理框架（SPIF）、基于云计算的 SPIF、云海桌面云。

公司网址：http://www.fujitsu.com/cn/fnst/